Krzysztof Trębski

Counseling ai tempi del coronavirus

Krzysztof Trębski

Counseling ai tempi del coronavirus

Edizioni Sant'Antonio

Cover image: www.ingimage.com

Publisher:
Edizioni Accademiche Italiane
is a trademark of
International Book Market Service Ltd., member of OmniScriptum Publishing Group
17 Meldrum Street, Beau Bassin 71504, Mauritius
Printed at: see last page
ISBN: 978-613-8-39375-7

Indice

Introduzione

Da anni i rotocalchi televisivi e i titoli dei giornali ripetono a oltranza che viviamo nel villaggio globale. Il proverbio "tutto il mondo è paese" è diventato popolare. Oggi più che mai questo dato si è rivelato vero: ce ne siamo accorti in maniera brusca e nel contempo inquietante. Un piccolo coronavirus si è incoronato a egemone del mondo, ha contagiato centinaia di Paesi provocando migliaia di morti e spingendo l'Organizzazione Mondiale della Sanità a dichiarare lo stato di pandemia globale. Un nemico invisibile è entrato nella vita di tante persone, cambiando le abitudini, seminando il panico e, a volte, con la morte di una persona cara, stravolgendo l'intera esistenza.

L'esigenza del distanziamento sociale ha trasformato la vita di tanti in una realtà "virtuale", ha separato gli uni dagli altri anche nel seno della stessa famiglia e ha privato molti del conforto di quel calore umano che si esprime solitamente tramite la vicinanza e i gesti d'affetto. Tanti dovevano separarsi dai loro cari in quarantena. Molte persone dovevano dire addio ai propri parenti non potendoli vedere né abbracciare. E cosa dire della solitudine degli anziani confinati nelle loro case o nei luoghi di cura senza poter sperimentare il conforto dei volti famigliari?

Sembra quasi che la pandemia di COVID-19 abbia messo nell'oblio secoli di storia umana fatta di vicinanza, scambio reciproco e solidarietà espressa con i sentimenti incarnati nei gesti quotidiani. Sembra che i preannunci fantascientifici, che parlano di anni di "affetti asettici", contatti virtuali e collaborazioni a distanza, possano avverarsi davvero. Sembra che niente sarà come prima!

In questo tempo, così difficile, le caratteristiche che ci rendono unici, perché umani, diventano preziose, cercate e apprezzate. Ci siamo resi conto che il conforto, l'ascolto e il calore umano diventano risorse importanti, al pari di medicine e di approcci terapeutici, in grado di far fiorire la speranza e infondere il coraggio di andare avanti, nonostante le difficoltà.

Ancora una volta ci siamo convinti che la prima e la migliore medicina per ogni uomo è la vicinanza di un altro essere umano che accoglie, comprende e dice non solo con le labbra, ma soprattutto con il cuore, la frase che ci siamo ripetuti tante volte nel tempo della pandemia: “Vedrai, tutto andrà bene!”.

Il libro vuole far conoscere il counseling esercitato in forma dialogica come approccio relazionale, terapeutico e ricco d’umanità, come una risorsa preziosa ai tempi del coronavirus e non solo, in grado di accompagnare e fornire supporto alle persone che si trovano in un momento di fragilità.

1. Counseling come risorsa

Counseling (scritto anche: counselling, in inglese britannico) è la versione angloamericana moderna del termine latino *consul*, il cui agire si sostanzia nel verbo *consulo, consultum, consulĕre*: deliberare. Nel latino classico *consul* era usato spesso al plurale: *consules*. Il termine latino *consul*, che più anticamente era *consol*, secondo la maggioranza delle etimologie, deriva da *con-sol* (poi *cum-sol*). Si lega dunque direttamente alla preposizione *con*, in uso anche nell'italiano contemporaneo, e al termine *sul* per riferirsi alla terra. È la stessa radice che definisce parole come *exul* (e-sul: via dalla terra) piuttosto che *praesul* (davanti alla terra). In sostanza, i consoli camminano assieme ovverosia condividono un terreno comune o calcano il suolo come con uno stesso piede o passo, in quanto esercitano un potere che insiste sulla medesima terra. Da *consul* derivano direttamente il verbo *consolor-consolari*: con-solare, con-fortare. Mentre il latino *consulto-consulta*re è forma frequente di *consulo-consulere* (verbazione diretta da *consul*): ponderare, deliberare, provvedere a, avere cura, consultare, ottenere una risposta. Il termine *counselor*, secondo la versione maior dell'Oxford English Dictionary, è presente nella lingua inglese almeno dal tredicesimo secolo, in genere con il significato di consigliere (ingl. *advisor*) delle persone e specialmente del re, con riferimento a vari problemi[1].

Il counseling nasce come scienza dell'uomo in grado di occuparsi non della malattia ma piuttosto del malessere, per poi concentrarsi sul benessere, sulle condizioni ottimali per una florida espressione della natura umana: un approccio che sappia guidare l'individuo verso un contatto più profondo con se stesso, con i propri bisogni, con le proprie capacità nascoste, assopite o dimenticate, per raggiungere infine una maggiore fiducia in se stesso.[2] Favorisce una migliore comunicazione intrapsichica che si tramuta in una migliore comunicazione interpersonale e aiuta ad interagire più

[1] Cfr. PERRUSIA, F.: Com sol: Immagini del counselor. In: *Giornale di Psicologia*, 1, 2007, 1, p. 45-47.

[2] Cfr. ŠMIDOVÁ, M., JAMBOROVÁ, R., ŽUFFA, J.. *Counseling – umenie počúvať*. Trnava: Dobrá kniha, 2016.

positivamente ed efficacemente con gli altri, sostituendo diffidenza e incomunicabilità con maggiore disponibilità, empatia ed ascolto.

Il counseling può essere rappresentato metaforicamente dall'immagine di un viaggio, durante il quale l'uno, il più esperto (counselor), cammina accanto all'altro che ha bisogno di sostegno quando il cammino diventa difficile, senza però trascinarlo per forza dietro di sé o senza spingerlo sulla strada che si potrebbe considerare quella giusta, ma semplicemente condividendo le gioie e le angosce, le vittorie e le sconfitte, cercando di individuare le risorse in grado di sorreggere, sollevare e far celebrare la vita in tutte le sue accezioni. Il termine counseling è stato precisato meglio da Carl Ramson Rogers, famoso psicologo statunitense, dicendo: "Con questo termine mi riferisco ad una relazione in cui almeno uno dei due protagonisti ha lo scopo di promuovere nell'altro la crescita, lo sviluppo, la maturità ed il raggiungimento di un modo di agire più adeguato ed integrato. L'altro può essere un individuo o un gruppo. In altre parole una relazione di aiuto potrebbe essere definita come una situazione in cui uno dei partecipanti cerca di favorire, in una o ambedue le parti, una valorizzazione maggiore delle risorse personali del soggetto ed una maggiore possibilità di espressione"[3].

La British Association for Counseling ha definito il counseling come l'uso della relazione abile e strutturata che sviluppi l'autoconsapevolezza, l'accettazione delle emozioni, la crescita, le risorse personali. Il counseling può essere mirato alla definizione e soluzione di problemi specifici, alla presa di decisioni, ad affrontare i momenti di crisi, a confrontarsi con i propri sentimenti e i propri conflitti interiori o a migliorare le relazioni con gli altri. Ha a che fare con l'area del conflitto, delle confusioni mentali, dell'ambivalenza, del turbamento emotivo in seguito a stress più o meno violenti nei vari ambienti di vita. L'obiettivo principale è vivere in modo pieno e soddisfacente[4].

---

[3] Cfr. ROGERS, C. R.: *La terapia centrata sul cliente*. Firenze: La Nuova Italia, 1970, p. 68.

[4] Cfr. FOLGHERAITER, F.: La relazione d'aiuto nel counseling e nel lavoro sociale, Prefazione. In: MUCCHIELLI, R.: *Apprendere il counselling*. Trento: Erickson, 1987.

L'attività di counseling è, quindi, una relazione che dura nel tempo, a cui si fa ricorso per dare aiuto ad una persona nell'esplorazione della natura dei propri problemi in modo che possa egli stesso decidere autonomamente che cosa fare. Il ruolo dell'aiutante (counselor) è quello di facilitare il lavoro della persona che chiede aiuto in modo da rispettarne i valori, le risorse personali e la capacità di autodeterminazione.[5]
Alla base di tutto ciò c'è un "incontro" fra due persone, di cui una si trovi in condizione di sofferenza/confusione/conflitto ed un'altra invece sia dotata di un grado "superiore" di adattamento/competenza/abilità rispetto a queste stesse situazioni o tipo di problema. Se fra queste due persone si riesce a stabilire una relazione che sia effettivamente di aiuto, allora è probabile che la persona in difficoltà inizi un qualche movimento di chiarificazione/apprendimento che la porti ad avvicinarsi all'altra persona, assorbendone per così dire le competenze, o comunque a rispondere in modo più soddisfacente al proprio ambiente e alle proprie esigenze interne ed esterne.
L'intento è di aiutare la persona che avverte il bisogno di supporto "a prendere una decisione riguardo a scelte di carattere personale, a problemi o difficoltà speciali che la riguardano direttamente."[6].

---

[5] Cfr. TRĘBSKI, K.: *Counselling ako pomáhajúci vzťah a pastoračné sprevádzanie.* Trnava: Dobrá kniha, 2016.

[6] Cfr. BURNETT, J.: What is counselling. In: WATT, A. O. (ed): *Counseling at work.* London: Bedford Square Press, 1977, p. 9.

2. Sostegno mediante il counseling ai tempi del coronavirus

Durante l'emergenza epidemiologica da coronavirus (COVID-19), più che mai, il bisogno di trovare un sostengo si è reso evidente. Parlare con una voce amica, con qualcuno che conceda il proprio tempo per ascoltare quando la solitudine, la paura o l'angoscia bussano alla porta del cuore, concede nuova forza e infonde speranza.
Quando l'incontro *vis-à-vis* non è possibile, utile si rivela il counseling mediante colloqui telefonici, online via Skype o tramite l'uso delle applicazione informatiche di messaggistica istantanea come, ad esempio, WhatsApp, Facebook Messenger, Hangouts, Snapchat o altri ancora.
Particolarmente utile si è rivelata la piattaforma virtuale "Corona care" (https://coronacare.life/) diffusa in tutto il mondo e attiva attualmente in 15 lingue: uno strumento per richiedere informazioni mediche, condividere dubbi e timori, cercare conforto e sostegno. Questa piattaforma, ideata in India, grazie al supporto offerto volontariamente da psicologi, medici, specialisti e religiosi, offre a chiunque ne abbia bisogno la possibilità di ricevere risposte, ad ampio respiro, sull'emergenza legata al coronavirus collegata con i vari aspetti della vita quotidiana e famigliare, spesso compromessi da varie restrizioni. In questo periodo così delicato, è importante non allentare i legami e mantenere un filo diretto con le persone, tanto più con coloro che stanno vivendo momenti di fragilità, paura e insicurezza. È importante dare la possibilità di contattare un counselor per telefono oppure online, anche per un colloquio d'emergenza di breve durata e su temi specifici legati al difficile periodo che le persone stanno vivendo a causa della pandemia (solitudine, difficoltà nel gestire le emozioni legate alla quarantena, paure ed incertezze, lutti). Lo scopo fondamentale di questo tipo di counseling è l'attivazione e la riorganizzazione delle risorse della persona per affrontare problemi emergenti, situazioni di criticità, cambiamenti

repentini e per rendere possibili scelte responsabili e consapevoli rispetto agli stili di vita e alle proprie scelte comportamentali.[7]

Il libro riporta dei dialoghi nell'ambito del counseling inerenti alla pandemia di coronavirus, che mettono in evidenza varie tematiche: dalla paura alla solitudine, dalle preoccupazioni per la salute propria e dei famigliari agli stati d'animo che hanno accompagnato la quarantena. Tutte tematiche che riguardano il mondo interiore a confronto con la realtà nuova post-pandemica.

[7] Cfr. ŠMIDOVÁ, M. (ed.): *Sprevádzanie v sociálnej práci. Zborník z medzinárodnej vedeckej konferencie.* Trnava: Dobrá kniha, 2016.

3. Paura del virus: tra incertezze e desiderio di serenità

Il colloquio telefonico con la signora Anna rivela le difficoltà che l'epidemia di COVID-19 le ha provocato e racconta le sue paure più profonde.

Anna: Buongiorno. Mi chiamo Anna P. e chiamo da Pescara. Vorrei parlare con qualcuno perché mi trovo in un momento molto difficile.
Counselor: Mi chiamo C. e, se lo desidera, la ascolto volentieri.
Anna: Grazie, grazie davvero. In questo momento sono molto agitata e spero che io riesca a farmi capire. Con quello che si sente dai telegiornali a proposito del coronavirus sono spaventata molto. Non riesco a non pensarci. I pensieri che io possa infettarmi o che i miei cari possano prendere la malattia mi spaventano a morte. Io sono una mamma single. Il mio compagno mi ha lasciato tre anni fa con due figli. È vero che doveva darmi un assegno per i nostri figli, ma ha perso il lavoro e non mi aiuta più. Io lavoro come cassiera in un grande supermercato, a volte faccio turni faticosi... E adesso si è aggiunta anche la paura del virus. Nel luogo di lavoro posso incontrare tante persone. Non sai niente di nessuno. Noi sai se hanno la malattia... e poi maneggio anche i soldi. Sono veramente spaventata...
Counselor: Capisco che questo momento non è per niente facile per lei. Ai problemi economici si è aggiunta anche la preoccupazione scaturita dall'epidemia.
Anna: Non si tratta solo dei soldi che non ci sono, ma sono veramente preoccupata per me e per i miei figli. Se mi succede qualcosa chi si prende cura di loro? E se io dal lavoro porto la malattia a casa e infetto i figli? Cosa succede?
Counselor: Sicuramente il suo lavoro la espone a un maggior rischio. Suppongo che i suoi datori di lavoro abbiano preso dei provvedimenti che limitino le probabilità di infezione.
Anna: Sì, abbiamo le mascherine, i guanti e la visiera che protegge il volto. Hanno messo anche la barriera di plexiglas tra noi e i clienti, ma io maneggio i soldi che ricevo dai clienti, l'aria sopra la cassa circola liberamente... Nessuno ci spiega

davvero come stanno le cose. Dicono che siamo al sicuro, ma una delle nostre amiche di un altro negozio ha dovuto rimanere a casa per la quarantena dopo il tampone positivo. Certo nessuno può dire se ha incontrato il COVID nel luogo di lavoro. Ma chi lo può escludere?

Counselor: Lei vive adesso tanti momenti di incertezza e si pone tante domande. Tutti abbiamo bisogno di essere ben informati e rassicurati. Gli scienziati stanno studiando ancora il virus, ma anche per loro tante cose sono ancora un enigma.

Anna: Sa, ho capito che non mi servono solo le rassicurazioni esterne, ma devo trovare un po' di pace dentro di me. Penso che nessuno adesso, e forse mai, può darmi l'assoluta certezza che non incontrerò il virus. Ovviamente devo prendere delle precauzioni, attenermi alle norme che mi indicano nel luogo di lavoro per non espormi al pericolo, ma quale vita sarebbe vivere in un luogo chiuso, non incontrare nessuno per paura che possa essere un veicolo di contagio? Che vita sarebbe questa? E poi ho i figli, nei quali devo infondere la speranza in un futuro migliore e la serenità. Mi sono accorta che quando io sono ansiosa, anche loro non vivono la loro giornata in maniera serena. Forse il problema in questo momento sono veramente io, l'ansia che non riesco ad allontanare o a capire pienamente.

Counselor: Come ha detto lei stessa, nessuno le potrà garantire che non incontrerà il virus. D'altro canto sarebbe da sprovveduti esporsi al pericolo e non adottare le misure igienico-sanitarie, ma sarebbe anche altrettanto difficile vivere in un completo isolamento per la paura di incontrare la malattia. Lei si sente responsabile per i figli, per la loro salute e sicurezza.... Forse proprio questo compito potrebbe diventare per lei fonte di nuova forza interiore e di maggiore serenità?

Anna: È vero questo! Devo mettere in conto che l'apparente sicurezza dell'isolamento totale da tutto e da tutti, che in teoria potrebbe diminuire la mia ansia, non è un'alternativa valida. Lei mi ha fatto vedere meglio il senso, lo scopo di tutto ciò che sto facendo. Voglio vivere in sicurezza per poter garantire un futuro sicuro e sereno ai miei figli, ma dentro di me so che non posso proteggerli da tutto. Dovrebbero anche loro assumersi le loro responsabilità. Penso che guidarli ed educarli in questo senso

sia l'unica cosa che possa essere utile sempre, nonostante le epidemie o altre cose che non sappiamo neanche prevedere. Ho capito che devo addomesticare le mie paure e avere uno sguardo meno ansioso verso il futuro. Forse mi sono lasciata invadere troppo dall'angoscia che percepisco nel mio ambiente. (Pausa prolungata di riflessione) Penso che dovrei condividere questi pensieri con le mie amiche, perché vedo che non solo io, ma anche loro cercano il conforto nelle loro angosce. In fondo, anche loro hanno le stesse preoccupazioni, vogliono trovare le soluzioni migliori per poter vivere serenamente e non far entrare i loro cari nel panico.
Adesso ho capito che devo tornare alla vita normale, con quell'attenzione in più a questo nuovo nemico invisibile, che forse per tanto tempo ci accompagnerà ancora, che non devo cedere alla paura che mi chiude, che mi confonde e che mi rende tanto triste e impaurita. Ho due bellissimi bambini ai quali voglio un mondo di bene e non voglio che crescano in una prigione piena di divieti. Voglio dargli il meglio e indicargli il mondo non come un luogo pericoloso, ma come un luogo dove crescere e realizzare i loro sogni. Ecco, forse questa sarebbe la motivazione più giusta per andare avanti! Grazie, perché mi ha ascoltato con pazienza e, parlando con lei, ho potuto trovare la forza d'animo che mi mancava. Grazie davvero!

***

Mentre il coronavirus iniziava a diffondersi nel mondo, la prima reazione di molte persone era l'incredulità che nel XXI secolo possiamo essere ancora così vulnerabili e impreparati. Man mano il contagio raggiungeva dimensioni planetarie, diventando pandemia, l'incredulità ha lasciato il posto alla paura: quella per se stessi e per le persone amate. Il fatto è che non conoscevamo l'avversario, questo piccolo intruso con cui dovremmo forse convivere per sempre e che probabilmente non sparirà mai dalla faccia della terra. È bene ricordare le caratteristiche del contagio, perché in funzione di esse cambiano le caratteristiche della nostra paura.

Le persone che hanno contratto il coronavirus potrebbero manifestare i sintomi dopo 1-14 giorni con un periodo mediano stimato di incubazione tra i 5 e i 6 giorni. I sintomi più comuni della malattia da coronavirus (COVID-19) sono febbre (≥ 38° C), stanchezza e tosse secca e, nei casi più gravi, difficoltà respiratorie. Alcuni pazienti possono presentare indolenzimento e dolori muscolari, congestione nasale, naso che cola, mal di gola o diarrea. Questi sintomi sono generalmente lievi e iniziano gradualmente. Secondo indizi clinici, la maggior parte delle persone (circa l'80%) guarisce dalla malattia senza aver bisogno di cure particolari. Più raramente, la malattia può essere grave e portare persino al decesso. Gli anziani e le persone con altre patologie pregresse (ad esempio asma, diabete, cardiopatia) potrebbero essere più vulnerabili e quindi ammalarsi gravemente.

Queste notizie, facilmente reperibili tramite i giornali e le trasmissioni televisive, spesso suscitano ovvie perplessità in coloro che ne vengono a conoscenza, provocando la paura e generando un'ansia difficilmente gestibile, che rischia di avere effetti controproducenti sulla capacità di fronteggiare la diffusione del contagio, oltre che sul benessere psicofisico. Soffermiamoci su questi fenomeni.

Da una parte abbiamo la paura: un'emozione primordiale e immediata causata da un pericolo esterno chiaramente riconosciuto dalla persona, con una durata limitata nel tempo (quando il pericolo viene meno, anche la paura si estingue). Dall'altra parte abbiamo l'ansia: una risposta normale e innata alla minaccia o all'assenza di persone o oggetti/luoghi che danno un senso di sicurezza. Un moderato livello di ansia è utile per mobilitare tutte le risorse in proprio possesso, ma a livelli estremi diventa controproducente e dannosa per la salute psichica e fisica.

Ansia e paura condividono alcuni aspetti, ma si differenziano per due caratteristiche principali: lo stimolo scatenante e la dimensione temporale. Infatti, la paura è scatenata da uno stimolo contingente, specifico e ben definito, mentre l'ansia è più spesso una situazione generica di apprensione rispetto a situazioni nuove o pericoli futuri poco definiti.

Spontanea sorge la domanda: quale delle due reazioni è maggiormente associata alla situazione dell'attuale pandemia? Entrambe. Infatti, non appena le notizie sulla diffusione del virus, sulla facilità di contrarlo e sul suo grado di letalità hanno iniziato

a circolare, la prima reazione di molte persone è stata una reazione di paura: in primis paura per la propria salute, ma anche paura per le persone care. In un secondo momento, la paura ha lasciato il posto ad una sensazione pervasiva di incertezza e instabilità, che potremmo definire come ansia.
Di nuovo dobbiamo domandarci: perché reagiamo così di fronte a questa nuova minaccia? Forse perché essa tocca importanti aspetti della nostra vita, anche aspetti che raramente vengono messi così tanto in discussione: la salute, gli affetti più cari, la libertà personale e quella dei movimenti, l'economia, le modalità di comunicazione, la socialità, le abitudini quotidiane.[8] Ci sentiamo in balìa di qualcosa che è molto più grande di noi, che nessuno riesce a controllare, ed è praticamente impossibile dimenticarsi di ciò che stiamo vivendo, tanto che l'ansia è diventata un'ospite perenne delle nostre vite. Le disposizioni delle autorità di evitare gli assembramenti e di scegliere i luoghi considerati più sicuri, le restrizioni dei movimenti e la continua esposizione a nuove notizie fomentano ancora le preoccupazioni.

In questi frangenti di incertezza è essenziale poter condividere i propri pensieri con qualcuno che ascolti e accolga l'anelito di conforto e che sarà in grado di ridimensionare le preoccupazioni aprendo la mente a un'altra visione della realtà, meno suscettibile all'autoreferenzialità. Il colloquio di counseling porta questi vantaggi.

---

[8] Cfr. COSTA, C., GARDOCKI, D., TRĘBSKI, K., ŠMIDOVÁ, M., HUNDLEY, G., BAILLIE, H., NOVÁ, M., REČNÁ, S., VALIGURSKÁ, E.: Some specificities of long-term care within the EU in the context of the consequences of Covid-19. In: *Acta Missiologica*, 1, 2000, 14.

4. Quando il corpo somatizza la paura

Il racconto di Teresa, riportato in seguito, segue il nucleo centrale del colloquio avvenuto nel contesto di una richiesta d'aiuto materiale per la famiglia. Dopo aver accennato ai problemi legati alla disoccupazione del marito e ai problemi finanziari, la protagonista parla delle sue preoccupazioni e paure legate al dilagare dell'epidemia.

Teresa: Mi sembra di vivere nella nebbia. Mi sento come se attorno a me ci fosse una nube che nasconde le cose reali. Dai telegiornali sento notizie contrastanti. Anche gli specialisti non hanno un parere univoco. Uno dice una cosa è un altro subito lo smentisce. Io avrei bisogno di certezze, vorrei sapere come agire, cosa evitare, quali comportamenti sono più sicuri in questo tempo di pandemia. Nella mia famiglia sono praticamente io che devo prendere le decisioni, devo fare la spesa, devo prendermi cura dei bambini e della casa. Mio marito non è un uomo di polso, non lo è mai stato. Da sempre sono io che, come si dice, porto i pantaloni in casa.

Counselor: Se ho capito bene, la cura della famiglia spetta a lei e ascoltando le notizie contrastanti si sente poco sicura circa il suo agire. Vorrebbe avere delle informazioni certe per essere più tranquilla.

Teresa: Esattamente, avrei bisogno di essere rassicurata, di avere le indicazioni su cosa fare e cosa evitare. Per un certo periodo nel passato ho lavorato in un ospedale e ho appreso le nozioni di base circa l'igiene, la pulizia degli ambienti e la disinfezione degli strumenti usati, ma in questa nuova situazione di pandemia che ha sorpreso tutti, mi servirebbero delle informazioni dettagliate e precise. Vorrei capire come devo comportarmi per garantire la sicurezza alla mia famiglia, per insegnare ai figli i comportamenti giusti e non esporsi al pericolo.

Counselor: Questa situazione è nuova per tutti. Le servirebbero delle informazioni precise su come evitare il contagio da COVID-19 per garantire la sicurezza della sua famiglia. Posso offrirle le indicazioni che ha dato il Ministero della Salute e la nostra regione circa le norme igieniche e i comportamenti da osservare.

Teresa: Grazie, già queste informazioni mi daranno una sicurezza in più, ma sono anche preoccupata di un'altra cosa. Sono preoccupata per la mia salute. Per motivi di lavoro sono a stretto contatto con degli anziani che accudisco a casa loro. Ieri sera quando sono tornata a casa dopo aver assistito una vecchietta e ho preparato la cena mi sono accorta che non ho sentito il profumo delle verdure e il sapore del sale che ho messo nel minestrone. Oggi ho una leggera tosse e mi sembra persino di avere il respiro corto. Sono preoccupata e impaurita, perché ho sentito che questi possono essere i primi sintomi del contagio. Mi domando se l'ho beccato anch'io, quel virus maledetto. Sono molto confusa e davvero non so cosa pensare. Mi sembra di avere tutti i sintomi del coronavirus.

Counselor: Capisco la sua preoccupazione. Avverte un forte senso di responsabilità per la salute della sua famiglia e lavorando con gli anziani ha paura di aver incontrato l'infezione. Mi è difficile rassicurarla e smentire i suoi dubbi. Penso che sarebbe utile un contatto con il suo medico curante, raccontargli i sintomi che avverte e chiedere il suo parere professionale. Anche le linee guida alle quali ho accennato prima indicano che nel caso di infezione sospetta non ci si deve recare al pronto soccorso, ma bisogna contattare il medico di base che valuta i sintomi, fornisce le informazioni precise ed eventualmente dà il via a ulteriori accertamenti sanitari.

Teresa: Grazie per questo suggerimento. Adesso mi sento più tranquilla, perché ho sentito un altro parere. Sicuramente il mio medico potrà dirmi di più. Il suo consiglio è stato molto prezioso!

***

Nel contesto della pandemia di coronavirus è fondamentale salvaguardare la salute fisica, ma è essenziale tutelare anche la salute mentale. Continuamente siamo esposti a una valanga di informazioni associate al COVID-19, ai ricoveri, ai dati epidemiologici che parlano di guariti, infettati, morti. Assorbiamo questi dati in modo passivo. Vediamo immagini senza battere ciglio. Leggiamo notizie senza filtrarle. Siamo isolati, confusi e impauriti. Non sappiamo cosa succederà domani. Il carico emotivo che scaturisce da questo quadro è immenso. Inoltre, si palesa una realtà innegabile: non abbiamo mai vissuto un'esperienza simile.

La vita di tutti i giorni è cambiata e sono molte le persone che stanno iniziando a somatizzare la paura e il panico al punto da sperimentare molti dei sintomi associati al coronavirus[9]. La perdita, anche momentanea, dell'olfatto e del gusto, improvvisi colpi di tosse o persino il respiro corto possono indurre una persona a credere di essere infettata. Questa sintomatologia associata al COVID-19 inizia a essere percepita da un certo numero di persone pur senza aver contratto la malattia. Anche se il loro corpo non sta lottando contro la carica virale del COVID-19, la mente sta combattendo un altro nemico: la paura. Si tratta di un'emozione che ha un suo scopo, ovvero quello di proteggerci dai pericoli e di mantenerci in salvo. Molte di queste persone non risulteranno positive a nessun test, perché in realtà soffrono di un effetto psicologico che deriva dal contesto attuale: la somatizzazione del coronavirus.

I disturbi psicosomatici si presentano più spesso di quanto non pensiamo. Specie in un contesto dominato dalla paura costante di essere contagiati, dall'incertezza e dall'angoscia psicologica del "cosa accadrà" o data dal timore "se mi ammalo, di sicuro mi ricovereranno", si configura un accumulo tale di emozioni che prima o poi porterà alla comparsa di sintomi fisici. La somatizzazione, perché è di questo fenomeno che stiamo parlando, non è inventarsi ciò che non esiste, non è nemmeno frutto di una fervida immaginazione e, ancor meno, non significa che uno sta perdendo il senno. Questa condizione è descritta nel DSM-V (Manuale Diagnostico e Statistico dei Disturbi Mentali) ed è una realtà che tanti medici di base vedono quotidianamente. L'ansia diventa cronica e le emozioni forti si rivestono di sintomatologie fisiche.

Le più frequenti somatizzazioni sono emicranie, dolori articolari, affaticamento, problemi di digestione, tachicardia, nausea… I pazienti ne soffrono, ma i fattori scatenanti sono le emozioni, lo stress quotidiano, l'ansia, la continua frustrazione… In un contesto di pandemia è normale che si presenti la somatizzazione. Il quadro è quasi sempre lo stesso. La persona inizia a tossire, ad accusare mal di testa, è affaticata, si

[9] Cfr. https://lamenteemeravigliosa.it/somatizzazione-del-coronavirus-ho-tutti-i-sintomi/

porta la mano alla fronte e le sembra di avere la temperatura più alta del solito. L'aspetto più preoccupante è quando, all'improvviso, si aggiunge un senso di pesantezza sul petto e si ha la sensazione di soffocare. La tensione passa dal piano emotivo a quello fisico sotto forma di disturbi della respirazione, cefalea, insonnia e stanchezza cronica.

In presenza di questi sintomi è comune cercare le risposte nei siti internet o chat che trattano argomenti medici. Di solito le risposte, vaghe o contraddittorie, aumentano solo il livello di ansia e spingono ad agire in modo frettoloso e sconsiderato. Molto probabilmente se la persona si misurasse la febbre, la sua temperatura sarebbe assolutamente normale. Il mal di testa, però, è reale, così come la tosse e l'affaticamento costante, perché la somatizzazione si annida nella testa: ciascuno di noi è vulnerabile ad essa una volta oltrepassata la soglia dell'angoscia.

La somatizzazione del coronavirus è un ulteriore effetto della pandemia e ne stanno soffrendo molte persone. Le stesse che contattano il proprio medico di base per descrivere una sintomatologia che rispecchia per filo e per segno il COVID-19. A causa della mancanza di tamponi, è molto probabile che più di una persona stia vivendo in isolamento pensando di avere il virus. Ma è bene chiarire un aspetto: la somatizzazione può generare dolore e stanchezza, ma non febbre. Questo è un indizio che deve aiutarci a distinguere la presenza o meno di un'infezione.

Dobbiamo però imparare a misurare e controllare anche la "temperatura" delle nostre emozioni per evitare che ci portino al limite, che imprigionino il corpo e la salute. La presenza di una persona in grado di ascoltare i nostri dubbi e accogliere le nostre ansie è fondamentale per ritrovare l'equilibrio necessario. Il colloquio con una persona competente, una telefonata al proprio medico di base possono sciogliere i dubbi, indicare la strada per avere più certezze e calmare le emozioni scatenate dalla paura dell'infezione.

5. Solitudine: capire di cosa si ha veramente bisogno

Il frammento del racconto di Pietro, che dopo essersi scoperto infettato dal COVID-19 ha dovuto sottoposi alla quarantena e al ricovero in ospedale per quattro settimane, ci fa capire le sue difficoltà e le nuove certezze che il periodo di solitudine ha portato a galla. Nonostante la possibilità di comunicare con il mondo esterno tramite i moderni mezzi di comunicazione e così partecipare alla vita dei suoi cari ed amici, Pietro ha capito che il contatto fisico e reale con gli altri, specie con i propri cari, ha per lui un valore fondamentale e, dopo il periodo di isolamento, l'incontro con loro ha acquisito un altro sapore. Quanto ha vissuto, come testimonia, lo ha aiutato a dare una diversa importanza alle sue scelte e priorità.

All'inizio di un turno di lavoro, all'entrata mi hanno misurato la temperatura. Mi sentivo bene, ma mi hanno detto che avevo una temperatura di 38,2° C. Così hanno contattato il Pronto Soccorso dove mi sono recato con la mia macchina. Siccome non avevo altri sintomi, mi hanno fatto il tampone e mi hanno mandato a casa, raccomandandomi la quarantena e il completo isolamento da tutti. Dovevo aspettare i risultati del tampone e rimanere in contatto telefonico con il medico responsabile per poter informarlo di tutti i sintomi che eventualmente si fossero manifestati per non arrivare all'insufficienza respiratoria che avrebbe potuto portare a rischi maggiori. Alla fine è arrivato il risultato: ero positivo al COVID-19. Un fulmine a ciel sereno! Per fortuna stavo bene, ma dovevo essere isolato. Per fortuna nella casa di famiglia abbiamo una piccola stanzetta con bagno e l'entrata indipendente per gli ospiti. Mia moglie Monica e i figli sono rimasti al piano superiore. Monica mi portava il cibo rigorosamente nei piatti di plastica con le posate monouso e i vestiti puliti. I panni sporchi li accumulavo in una busta di plastica per non infettare la famiglia. Dopo tre giorni si è manifestata una tosse secca, ho perso il gusto e la voglia di mangiare, ma tutto sommato stavo bene. Forse la cosa che mi faceva soffrire di più era la mancanza del contatto umano: ci potevamo sentire per telefono, i ragazzi scendevano e parlavamo tramite la finestra, mantenendo così il contatto, ma non potevo abbracciarli ed essere abbracciato da loro. Sembra niente, ma mi sono accorto di aver bisogno di quel gesto fisico, della presenza viva, non lontana e virtuale... Una mattina mi sono svegliato con un forte peso sul petto e alzandomi mi sentivo soffocare. Ho chiamato mia moglie e abbiamo avvisato il nostro medico. Dall'ospedale sono venuti a prendermi e ho trascorso là quattro settimane: una settimana nella terapia intensiva e il resto nel reparto di Pneumologia. Durante questo periodo i familiari non sono potuti venire a trovarmi. Mi sono accorto che non riesco a sopportare la solitudine. Ho bisogno del contatto umano, della vicinanza delle persone che amo. Per fortuna a disposizione dei pazienti c'era un tablet per poter comunicare con l'esterno, ma non era lo stesso... Mi era difficile affrontare l'isolamento, la solitudine e la mancanza degli affetti. Ho avuto tanto tempo per riflettere sul valore della mia presenza nella vita dei miei cari e sul valore del loro affetto per me. Mi sono accorto che spesso davo tutto per scontato! Tornando stanco dal lavoro mi dedicavo poco ai miei figli, al gioco o a qualche attività insieme con loro. Non si sono mai lamentati, ma mi sono accorto che ho perso la preziosa possibilità di conoscerli. Mi sono fermato alla loro prima infanzia e loro sono già adolescenti. Hanno i loro amici, i loro ideali, i loro timori, ma io non li conosco affatto. Sempre gli dicevo: "Se avete qualche difficoltà potete sempre venire da me!", ma ho capito che questa era solo una frase di convenienza, perché era compito mio andare da loro, ascoltarli, condividere il loro vissuto per quanto possibile. E poi anche Monica... Ho visto quanto si dà da fare e quanto riesce a organizzare bene tutto, spesso trascurando i propri bisogni e accorciando le ore del riposo. Ho sentito tanta gratitudine verso di lei e ho capito che non le ho detto mai abbastanza quanto l'apprezzo e quanto l'amo. Quando guardo indietro, vedo che il tempo della quarantena e del ricovero è stato prezioso per guardare meglio la mia vita, le mie scelte e spostare l'accento dalle cose meno importanti a quelle che hanno un vero valore. La solitudine mi ha fatto capire di cosa ho davvero bisogno. Ho capito che non riesco a vivere da solo. Non voglio vivere da solo! Ho bisogno degli altri e voglio essere per loro una presenza significativa e di supporto. Per quanto vale, questo tempo nel quale ho provato anche la paura di non farcela mi ha dato la possibilità di aprire di nuovo le ali e guardare al futuro con più ottimismo. Dopotutto sono ancora qua...

***

La pandemia di coronavirus ci ha obbligati a fare i conti con noi stessi, con le nostre più segrete e silenti verità del cuore, con le nostre paure recondite e con i nostri veri bisogni e priorità di cui a volte ignoravamo l'esistenza, con quello che abbiamo e con quello che abbiamo messo in pausa, con quello che non abbiamo più e con quello che non vogliamo più avere.

La solitudine, amplificata dal distanziamento sociale e dalle norme di sicurezza che limitano la vita relazionale, l'isolamento volontario o coatto, ci invitano alla riflessione e all'introspezione. C'è chi nella solitudine si annoia e chi nella solitudine incontra e abbraccia le proprie paure. C'è chi non la sopporta, fuggendola, e chi la cerca per raccogliere i cocci preziosi dell'umanità ferita.[10]

La solitudine dà la sensazione del vuoto... È vero, questa condizione interroga le nostre verità profonde ed è bene interrogare se stessi chiedendosi: "Come mi fa sentire questo vuoto?". È importante decifrare l'ansia che si percepisce. Tradurla significa portarla alla superficie dell'esistenza per capire cosa c'è sotto. È paura di morire, paura di rimanere da soli, paura per il lavoro, per il futuro? Dare un nome ai propri "fantasmi interiori" aiuta già a tracciare una strada da seguire per liberarsi da essi. Occorre imparare a gestire il rapporto con se stessi e con il proprio mondo interiore per trasformare lo stare da soli in un'opportunità e, in seguito, riprendere i rapporti con il mondo esterno con una consapevolezza nuova.

È importante capire che essere soli e sentirsi soli non sono la stessa cosa. Tante persone che oggi vivono da sole sono definite o si definiscono *single*. C'è però una notevole differenza tra le persone *single* e le persone sole. Nel primo caso potrebbe

[10] Cfr. BRAUNSTEINER, G., TRĘBSKI, K., CSONTOS, L.: *Obnovená teológia manželstva a rodiny*. Trnava: Dobrá kniha 2019.

trattarsi di una scelta voluta, nel secondo tristemente subita. Le prime potrebbero sentirsi sole ma non isolate e vivere la dimensione di solitudine del cuore come un'opportunità; le seconde invece potrebbero sentirsi isolate, escluse, a rischio di una deriva depressiva.

Sentirsi soli pur rimanendo in contatto con tante persone è una nuova emergenza, spesso correlata alla dimensione online dell'esistenza e alla precarietà dei rapporti familiari, interpersonali, amicali e amorosi. La solitudine interiore, quella profonda e apparentemente immotivata, non dipende dal contatto oggettivo con gli altri esseri umani, ma dalla capacità di fruire dello scambio emotivo reciproco, arricchente ed unico. Questa capacità è erosa in alcuni a causa di traumi pregressi o infanzie zoppicanti, relazioni deludenti e tossiche, ferite relazionali che, pur inflitte nel passato remoto, hanno lasciato un segno profondo, così da impedire loro di beneficiare appieno della compagnia di un altro essere umano, che si tratti di un amico o di un amore.

La solitudine indossa varie vesti e si manifesta nei modi più variegati e mistificati. Tanti sono spaventati dall'incontro con la solitudine; tentano di stordirla con l'uso delle sostanze stupefacenti o con le più svariate attività, di negare il suo richiamo o di tacitarla. C'è chi si isola pur stando in mezzo alla gente e preferisce un'agorà virtuale, plasmandola a proprio piacimento e diventando l'avatar di se stesso, piuttosto che vivere un incontro reale che può sempre riservare qualche sorpresa. C'è chi rimane solo per la paura di essere coinvolto emotivamente, ferito e abbandonato. C'è chi compensa con la quantità delle relazioni la mancanza di qualità dei rapporti interpersonali. Infine, c'è chi subisce la solitudine perché non ha mai sperimentato la gioia e la completezza che si possono vivere in una relazione.[11]

Quando la solitudine si collega alla vita di coppia, la si valuta come se fosse l'antinomia del vivere insieme: una solitudine non meritata, che delude le aspettative di essere un cuor solo e un'anima sola con l'altro, che rivela una lacerazione profonda e difficile da sopportare, che preclude lo scambio profondo e sincero delle emozioni,

---

[11] Cfr. ŠMIDOVÁ, M., SLEZÁKOVÁ, K. (ed.): *Manažment kvality pri poskytovaní dlhodobej starostlivosti*. Trnava: Dobrá kniha, 2019.

dei vissuti e delle vedute così importante per sentirsi amati, partecipi della vita dell'altro e per dare un senso allo scorrere lento dei giorni insieme. Tale solitudine rivela la mancanza di quella complicità che permette di vivere il legame come un'opportunità di crescita reciproca e non come una trappola o un laccio che opprime e soffoca.

Vivere in coppia non esclude però la presenza di una "dimensione intima" che può comprendere uno spazio fisico ad uso esclusivo di uno dei partner o rappresenta l'esistenza di una dimensione che non ha niente a che fare con lo spazio fisico, ma che indica piuttosto un distacco dal partner, dalle sue idee e scelte, con il conseguente vincolo di esserne in qualche modo coinvolti e travolti. D'altro canto, una coppia equilibrata e adulta può e dovrebbe convivere con la dimensione della "solitudine sana", che diventa uno strumento introspettivo, luogo dell'ascolto delle voci interiori, spazio in cui ritrovare se stessi per poi incontrare nella libertà l'altro. Essere autonomi nella vita e nella relazione affettiva è il prerequisito per stare bene prima con se stessi e poi con il partner. Per avere accesso a questo stato di equilibrio in continua evoluzione, bisogna aver avuto il coraggio di attraversare le lande della propria solitudine senza paura. L'incontro con la propria solitudine e con il proprio mondo interno è un appuntamento necessario per poter consegnarsi consapevolmente a un altro essere umano e al mondo, per ricrearsi e ritrovare la forza vitale necessaria per continuare il cammino di vita.

Il rapporto con la solitudine e con la socialità dipende da un'infinità di fattori, esterni e interni, concreti e simbolici. Dall'imprinting sensoriale e relazionale che abbiamo ricevuto, o meno, in dote da bambini. Dai modelli comportamentali genitoriali che abbiamo imitato e introiettato, rifiutato o confutato. Dalle prime relazioni sociali e da quelle amorose vissute: se sono state funzionali e appaganti, se hanno lasciato un retrogusto positivo e il desiderio di riviverle un'altra volta ancora. In caso contrario, la fuga verso l'isolamento diventa una strategia salva vita, un meccanismo di difesa della psiche dai traumi temuti, un guscio protettivo in cui rifugiarsi.

Quando si pensa alla solitudine la si immagina come se fosse una condanna, una sorta di triste costrizione o una conseguenza del rifiuto altrui. La solitudine, però, non necessariamente deve significare isolamento: tutto dipende dal modo in cui la si vive. È anche vero che non sempre le persone solitarie soffrono di solitudine. Così come chi soffre di solitudine può non essere un solitario ma può vivere in mezzo alla gente, coinvolto in una vasta rete relazionale.

Quella di abitare la solitudine è un sfida che tutti, prima o poi, devono affrontare. Un buon rapporto con la solitudine, che può diventare lo spazio intimo della revisione della propria vita e l'occasione di ritorno al proprio centro, crea i presupposti giusti per compiere le scelte future nel rispetto di ciò che si è capito di se stessi, degli altri e del mondo.

Le restrizioni a causa della pandemia di COVID-19 legate all'isolamento forzato e alla distanza fisica e affettiva dagli altri, a tanti hanno fatto capire quello di cui hanno davvero bisogno a prescindere dalle condizioni transitorie e dalle restrizioni momentanee. A tanti è stato chiaro che non riescono a vivere serenamente senza una vicinanza e un contatto fisico con gli altri. A molti la solitudine forzata ha rivelato una verità su loro stessi che altrimenti non avrebbero capito, cioè che stare da soli non deve significare una condanna, ma può diventare un modo diverso di entrare in contatto profondo con se stessi e ritrovare delle risorse preziose con le quali dare un sapore diverso alla propria vita e a quella altrui.

6. Didattica a distanza: una sfida per la famiglia in quarantena

Lo scoppio della pandemia di COVID-19 ha visto anche uno stravolgimento del sistema educativo, costretto a riadattarsi e fare le lezioni online mediante la didattica a distanza. Anche la vita delle famiglie si doveva adattare a questa nuova modalità. I ragazzi rimasti a casa, specie i più piccoli, dovevano essere accompagnati da un genitore o un altro famigliare e seguiti anche dal punto di vista scolastico. Questo spesso ha stravolto il ritmo della vita famigliare, creando non poche tensioni e disagi. Il racconto di Marco, padre di Giulia (10 anni) e Azzurra (8 anni), parla di alcune difficoltà delle famiglie con i figli in età scolastica.

I primi giorni della quarantena ci hanno lasciati sconvolti. Di punto in bianco sono venute a mancare le nostre certezze e la routine quotidiana è stata stravolta. Dovevamo adattarci velocemente alle nuove esigenze che ci sono state imposte. Per le bambine il primo choc è stato il divieto di uscire fuori. La casa è diventata per loro una prigione. Spesso ripetevano la domanda "Ma se sarò attenta, posso andare fuori a giocare?". Era difficile spiegare loro il contesto di quanto succedeva, perché anche noi adulti per la prima volta viviamo una pandemia. La chiusura delle scuole è stata anche per noi genitori una nuova sfida, perché dovevamo organizzare alle ragazze tutta la giornata. Nei primi giorni io mi sono preso le ferie e sono rimasto a casa. Maria, mia moglie, ha potuto aderire allo smart working della sua azienda e così la situazione sembrava più gestibile. In seguito, io ho preso l'impegno di fare la spesa e mantenere le "relazioni esterne". Maria ha potuto dedicarsi alle bambine e alla gestione della casa.

I primi giorni di quarantena sono stati davvero difficili. Oltre alla nostra famiglia dovevamo pensare ai nostri genitori anziani che erano spaventati e disorientati dalle notizie che arrivavano dalla televisione. Spiegargli cosa stava succedendo, trasmettergli un po' di fiducia e serenità e, inizialmente fargli anche la spesa, oggi a distanza di tempo sembrano compiti da poco, ma in quel preciso momento non erano per niente facili. Nel contempo dovevamo stabilire un nuovo equilibrio nel seno della famiglia, con i nuovi orari, il nuovo modo di scandire la giornata e le nuove attività ludiche per distrarre almeno un po' le bambine. In poche parole: la pandemia ci ha costretti a reinventarci.

Tutto questo sembra niente di fronte alle sofferenze che hanno vissuto altri, ma devo dire che anche noi, nel nostro piccolo, abbiamo sperimentato non pochi disagi. Avevamo un solo computer in casa, quindi la gestione della didattica a distanza non era per niente facile. Gli orari scolastici di Giulia e Azzurra non erano compatibili. Poi c'erano anche da fare i compiti a casa che si dovevano spedire in maniera virtuale agli insegnanti. Per fortuna ognuno di noi ha un cellulare, quindi almeno la comunicazione con il mondo esterno era agevolata.

Mia moglie cercava di arrangiarsi lavorando in orari differenti, ma nel pomeriggio le bambine volevano usare il computer per fare ricerche sul web o giocare con gli amici. A volte avevamo l'esigenza di parlare con i nostri genitori o con i nostri parenti ed era più comodo farlo in videoconferenza, così che tutti potevamo vederci e parlare tra di noi. Tutti questi impegni, a volte incompatibili, hanno creato non pochi disagi. Le bambine hanno cominciato a litigare su quali orari competevano a ciascuna in maniera esclusiva. Mia moglie a volte voleva lavorare un po' di più, quindi le bambine dovevano mantenere il silenzio. Stare appiccicati gli uni agli altri ha provocato non pochi malumori. Alla fine mi sono stufato e, appena possibile, sono andato a comprare un altro computer. Per fortuna ce lo potevamo permettere, ma dentro di me mi ponevo la domanda: quante famiglie vivono in ristrettezze economiche e non si possono permettere questo lusso?

Un altro problema era legato alla richiesta delle bambine di aiutarle nello studio. Prima della pandemia potevano parlare liberamente con i loro amichetti, scambiarsi i compiti o fare lavori di gruppo. Adesso tutto questo è venuto meno. Siccome noi eravamo sempre a disposizione, le bambine ci coinvolgevano nello studio quasi ogni giorno. Dovevamo diventare degli specialisti in matematica, in scienze e in lettere... ovviamente mia moglie è più brava di me, ma a volte doveva capitolare pure lei. Per fortuna facciamo parte di un gruppo WhatsApp dei genitori che si è rivelato di grande aiuto.

Ovviamente man mano si andava avanti con la didattica a distanza le richieste delle bambine crescevano e, ad un certo punto, io e Maria dovevamo porre dei limiti. Non ci sembrava giusto correggere tutti i loro errori e perfezionare i loro compiti. Così tutto poteva sembrare perfetto, ma dietro il loro perfetto rendimento scolastico c'eravamo sempre noi genitori. Non volevamo renderle dipendenti dal nostro aiuto. Un giorno, quando questa pandemia sarà finita, dovranno di nuovo tornare fra i banchi di scuola, rispondere durante le interrogazioni e fare autonomamente i compiti loro assegnati. Agevolarle nello studio adesso o, come avrebbero voluto, sostituirsi a loro, avrebbe potuto rivelarsi controproducente e invece di aiutarle avremmo potuto renderle più fragili nel futuro. Insieme a mia moglie abbiamo capito che questa era la strada che dovevamo percorrere, non cedendo alle richieste, alle lusinghe e ai ricatti emotivi delle ragazze. È stata dura, ma ce l'abbiamo fatta e adesso anche loro capiscono che siamo disposti a dar loro una mano se davvero ne hanno bisogno, e non quando chiedono aiuto perché non vogliono impegnarsi o pensano a qualche scorciatoia.

***

Pensando alla casa, spesso viene in mente il proverbio "la mia casa è il mio castello", ma in tempo di pandemia sarebbe più appropriato dire "la mia casa è il mio mondo". A causa dell'epidemia tanti sono rimasti a casa, i genitori con i figli, e a volte anche i nonni, spaventati dalle notizie inquietanti sul dilagare del virus.

Si possono riportare alla mente gli studi di Sprang e Silman[12] sulle risposte psicosociali dei bambini e dei loro genitori ai disastri pandemici, secondo i quali le misure di contenimento della malattia, ossia la quarantena e l'isolamento, possono avere effetti traumatizzanti. Gli autori hanno rilevato che i punteggi medi di stress post-

[12] Cfr. SPRANG, G., SILMAN, M.: Posttraumatic stress disorder in parents and youth after healthrelated disasters. In: *Disaster Medicine and Public Health Preparedness*, 2013, 7, p. 105-110.

traumatico (DPTS) sono quattro volte più alti nei bambini che sono stati messi in quarantena rispetto a quelli che non hanno subito la stessa restrizione.

La convivenza forzata tra le mura domestiche e le notizie allarmanti e spesso poco chiare incidono sui rapporti interpersonali in famiglia sia tra gli adulti, che tra loro e i ragazzi. Secondo una ricerca italiana, condotta da IFOS Centro Studi per la famiglia - Sezione Stress, Traumi e Supporto psicologico per Emergenza COVID-19, su un campione di 5989 genitori residenti in Sardegna[13], un bambino su quattro (il 26,48%) è tornato a chiedere la mamma o il papà vicini durante la notte. Quasi uno su cinque (18,17%) avrebbe inoltre sviluppato paure che prima non aveva mai avuto. Metà dei bambini (53,53%) ha manifestato maggiore irritabilità, intolleranza alle regole, capricci e richieste eccessive, e ancora uno su cinque cambiamenti di umore (21,17%) e problemi del sonno tra cui difficoltà di addormentamento, agitazione e frequenti risvegli (19,99%). Uno su tre (34,26%) mostra nervosismo nei confronti della pandemia quando in casa o in TV si parla del coronavirus oppure per via delle restrizioni. Soltanto un terzo circa (31,38%) è sembrato più calmo e tranquillo e uno su due (49,57%) più saggio e riflessivo. Quasi tutti (92.57%) sono sembrati in grado di adattarsi alle restrizioni determinate dalla pandemia anche se uno su due (43,26%) è apparso maggiormente svogliato rispetto alle attività (studio e giochi) che svolgeva prima della pandemia.

Misurare le reazioni dei bambini alla pandemia, in un momento storico in cui genitori e figli passano insieme l'intera giornata, è ancora più complesso in quanto le dinamiche familiari si accentuano e non favoriscono il lavoro di ricerca[14]. Valutare poi l'effetto di un disastro biologico, e quindi di un evento traumatico, non è mai semplice. Il trauma è un concetto prevalentemente relazionale co-determinato dall'interazione di più fattori tra cui: la risposta psichica dei genitori alla pandemia, che influenza di

[13]Cfr. ANSA: *Bimbi in quarantena tra paure e cambi di umore*, In: https://www.ansa.it/sardegna/notizie/2020/03/31/coronavirus-bimbi-in-quarantena-tra-paure-e-cambi-di-umore_e6e9a3d4-1da9-45fd-8040-03641f712e64.html (consultato 30. 06. 2020)

[14] Cfr. IFOS Centro Studi per la famiglia - Sezione Stress, Traumi e Supporto psicologico per Emergenza COVID-19: *Trauma Pandemia. Gli effetti psicologici del coronavirus sulla vita dei bambini di età compresa tra i 4 e i 10 anni: gli esiti della ricerca*. In: https://www.ifos-formazione.com/ifos/uploads/IFOS%20indagine%20trauma%20pandemia.pdf (consultato 17. 06. 2020)

conseguenza le reazioni dei bambini; la condizione psicofisica dei genitori e dei bambini prima dell'evento traumatico; la qualità dell'interazione genitori figli, prima e durante la pandemia; la resilienza, ovvero la capacità di fronteggiare le avversità[15].

Con l'arrivo della pandemia di COVID-19, con le restrizioni di ordine pubblico e di carattere sanitario, anche le dinamiche della vita famigliare sono state messe a dura prova. Ogni famiglia ha vissuto questa nuova realtà in maniera diversa. La vita negli spazi ristretti e le limitazioni innescate dalla pandemia hanno fatto emergere le differenti personalità, gli stili comportamentali, accentuando o scombussolando gli equilibri famigliari. Durante le settimane di quarantena tanti hanno provato sulla loro pelle svariate situazioni, che a distanza di tempo si sono rivelate vere e proprie sfide, tra cui la didattica a distanza.

L'introduzione delle lezioni online per i figli ha messo a dura prova tutto il sistema famigliare. Ha stravolto la routine di molti adulti e senz'altro quella dei ragazzi. Nel seno delle famiglie ci sono persone che non rispettano gli orari dei pasti, si crogiolano troppo o rimandano al domani le cose da fare, sono disorganizzate e perdono la bussola. Altri sono più rigidi: stabiliscono e rispettano gli orari da dedicare al sonno e ai pasti e mantengono la routine. I ragazzi sono passati dall'andare a scuola alla didattica a distanza. Ciò che inizialmente poteva sembrare un'attività ludica o un diversivo nei momenti d'isolamento, si è trasformato in un obbligo costante con cui fare conti nella nuova ruotine giornaliera.

Anche la scuola non era preparata per adottare la didattica a distanza e da un giorno all'altro ha dovuto organizzare online le lezioni un tempo realizzate in presenza. Un cambiamento non indifferente dal punto di vista didattico. Improvvisamente, una scuola di cui i genitori erano soddisfatti è diventata caotica. Non solo perché bisognava usare la rete per impartire le conoscenze, ma perché si navigava nell'incertezza e nella disorganizzazione, nel tentativo di organizzare al meglio le lezioni.

---

15 Cfr. ALVAREZ, J., HUNT, M.: Risk and resilience in canine search and rescue handlers after 9/11. In: *Trauma Stress* 2005, 18, p. 497–505.

Anche la scuola ha dovuto imparare a usare i nuovi mezzi per la didattica a distanza e insegnare ai propri docenti come utilizzarli, affinché loro potessero spiegare la modalità d'insegnamento ai genitori e ai ragazzi stessi. In tutta questa catena, è plausibile che sorgessero dei problemi! Gli studenti non dovevano solo imparare i contenuti delle materie, ma anche l'uso delle piattaforme di apprendimento e spiegarlo poi ai propri genitori che spesso si sono trovati costretti a usare la stessa modalità nel contatto con il corpo docente. Tanti genitori hanno cambiato anche il modo di vedere la tecnologia e la sua utilità nel lavoro in remoto e nello studio. La tecnologia, fino a poco tempo prima criticata perché "promuove nei bambini uno stile di vita sedentario, la mancanza di comunicazione e la tendenza a isolarsi", è diventata fondamentale per comunicare con gli altri senza uscire da casa. Le lezioni virtuali sono state essenziali per completare l'anno scolastico.

La didattica a distanza poco tempo dopo la sua adozione ha creato non pochi conflitti tra genitori e figli, e tra genitori e insegnanti. Alcune famiglie hanno uno, due o più figli alle scuole elementari. Più bambini equivalgono a maggiori complicazioni. Anche perché non tutte le case hanno più di un computer. Quindi i genitori si trovavano in difficoltà con i figli non sapendo a chi dare la priorità per l'uso del computer o con gli insegnanti perché tenevano lezioni per corsi diversi alla stessa ora. Anche tra i figli sorgevano conflitti per chi avrebbe dovuto usare per primo il computer.Un altro fattore, non secondario, è che la maggior parte dei genitori appartiene a una generazione che non è cresciuta con il computer, quindi spesso non hanno dimestichezza con la tecnologia. A seconda delle piattaforme di apprendimento, i genitori si sono ritrovati di fronte a nomi che non avevano mai sentito in vita loro: Jitsi, Webinar, Sakai, Moodle, Ed Modo e, ovviamente, Zoom, usato più spesso. Non rare volte succede che i bambini insegnano ai propri genitori a navigare su Internet e, di conseguenza, assumono un ruolo predominante, sentendosi "autosufficienti" nella gestione del collegamento e capaci di gestirlo autonomamente, evitando il controllo degli adulti.

Lo scenario che spesso si prospetta presenta dei ragazzi disorientati con genitori disorientati che cercano di guidare i loro figli disorientati a cui bisogna aggiungere gli insegnanti disorientati nel tentativo di guidare il disorientamento dei genitori e dei loro studenti. L'aspetto più curioso è che chi è disorientato finisce per disorientare tutti, incluso se stesso... Se a tutto ciò aggiungiamo una connessione a tratti debole siamo sulla buona strada verso il caos. Per finire, i ragazzi, oltre a fare i compiti, vogliono anche giocare, parlare, usare il PC o la PlayStation. La gestione delle loro richieste non è facile e spesso crea tensioni tra i membri della famiglia.

Molti genitori sentono il dovere di studiare e fare i compiti con i figli. Dare una mano ai figli sembra ovvio, ma ciò non dovrebbe diventare un'abitudine che si può ripercuotere nella loro vita presente e futura. La presenza vicaria dei genitori accanto ai figli, il loro costante impegno nell'aumentare il rendimento scolastico, può generare nei ragazzi una specie di dipendenza e creare grosse difficoltà ad affrontare in seguito qualunque obbligo scolastico senza un aiuto esterno. Il bambino non si sente responsabilizzato e si vede assolto dall'impegno, perché tanto il papà "troverà la soluzione" e la mamma "parlerà con la maestra per risolvere il problema".

Inoltre, un aiuto non corretto con i compiti a casa può generare conflitti e discussioni. I genitori, sebbene siano i principali educatori, non sempre dispongono dei migliori strumenti per sostenere il bambino in tutte le materie. Per quanto possano essere flessibili, pazienti, ascoltare i figli e mettersi nei loro panni, non tutto il loro impegno educativo può e deve concentrarsi sullo studio. Trascurare altri aspetti della vita a discapito dello studio può pregiudicare il rapporto genitori-figli, che ha un carattere unico e insostituibile. L'impegno di stare accanto ai figli in ambito educativo può invece diventare un'occasione per entrare nel loro mondo, conoscere le loro aspirazioni e difficoltà, per poter rispondere in maniera più adeguata ai loro bisogni. Nell'ambito del counseling famigliare rimane sempre attuale il supporto dei genitori che, pur avvertendo i propri limiti, paure e difficoltà, hanno il dovere di prendersi cura dei loro figli, cercando di limitare lo stress provocato dalle restrizioni legate alla pandemia. La valutazione della situazione assieme al counselor, con la descrizione di alcune situazioni critiche e dei tentativi di gestirle, può fornire ai genitori dei feedback preziosi, dei nuovi indirizzi comportamentali e avviarli verso le soluzioni più idonee.

7. Coppia in crisi al tempo della pandemia

Il racconto di Marica, nel corso di un incontro nell'ambito della relazione di aiuto, è incentrato sull'inasprirsi del suo rapporto con il compagno Mirko nel periodo della quarantena. La situazione è andata a deteriorarsi fino alla separazione.

Con Mirko stavamo insieme da sei anni e mezzo. Abbiamo un figlio, Anthony, che ha quattro anni, un bambino molto dolce che entrambi amiamo moltissimo. Questo tempo di pandemia, di lockdown, ci ha colti di sorpresa, come forse è successo a tutti, ma la nostra situazione, già un po' incrinata prima, è proprio esplosa. Le mie amiche scherzavano dicendo che dovevamo affrontare la famosa crisi del settimo anno nella vita della coppia. A dire la verità, mi sembra che io faccia di tutto per salvare il nostro rapporto e la nostra famiglia, ma dall'altra parte vedo solo rifiuto e indifferenza.
Mirko lavora moltissimo e giustifica sempre la cosa parlando dei bisogni materiali della nostra famiglia. È vero, io per i primi due anni dopo la nascita di Anthony non ho lavorato perché volevo occuparmi di lui. Adesso ho ricominciato a lavorare ed Anthony va a una scuola dell'infanzia gestita da una cooperativa, che non costa poco, ma è davvero molto buona. Questo fatto ha rafforzato ancora di più la posizione di Mirko che spesso diceva: "Devo lavorare di più per permetterci un futuro migliore!". È vero, i soldi ci servivano, ma se poi non ci vedevamo per tutta la giornata e la sera quando Mirko ritornava era già stanco, non aveva voglia di dedicarsi al figlio, e quando succedeva che Anthony era ancora sveglio non aveva tempo per giocare con lui o per fare discorsi seri... perché aveva voglia di dormire, che senso aveva tutto questo?
Quando è scoppiata la pandemia, certo eravamo spaventati e confusi, ma nel cuore ho pensato: "Finalmente Mirko potrà stare a casa e dedicare più tempo al figlio e a me... Forse non tutti i mali vengono per nuocere!". Ma mi sbagliavo molto. Adesso a distanza di mesi vedo che già da prima si era creata una situazione di cui non mi ero resa conto. Ci siamo allontanati l'uno dall'altra...

Chiusi tra quattro mura sembravamo dei prigionieri o degli animali chiusi in una gabbia troppo stretta.

I primi giorni ognuno sembrava impegnarsi al massimo per alleggerire il clima pesante che si era creato ascoltando le notizie su tutto quello che stava succedendo fuori: i contagi, i ricoveri ospedalieri, il numero crescente dei morti, tutto questo ci aveva portato tanto sconforto. Ci sentivamo più sicuri a casa e anche più protetti. Anthony era felice della nostra presenza e noi inventavamo sempre un nuovo gioco, una nuova attività per usare bene il tempo che avevamo a disposizione. Viviamo in un appartamento, ma per fortuna abbiamo un ampio balcone, quindi potevamo vivere qualche momento fuori, preparando dei giochi o cenando guardando il tramonto. Nel palazzo di fronte al nostro vivono due famiglie di musicisti e quasi ogni sera avevamo un concerto dal vivo senza dover uscire di casa. Anche i nostri vicini sono stati molto carini, perché ci hanno proposto di fare la spesa insieme, così andavamo al supermercato a giorni alterni e poi condividevamo gli acquisti.

I primi giorni di quarantena forzata erano abbastanza tranquilli, ma pian piano si insinuava un'ospite indesiderato: la tensione. Mirko ha cominciato a lavorare da casa, quindi si è riservato uno spazio dove ha spostato il computer e tutto ciò che gli serviva. Il bambino sentendo la presenza del papà che parlava con qualcuno spesso gli andava vicino e, come fanno molti bambini, provocava qualche rumore o disturbava un po' attirando l'attenzione... Mirko non ha retto la situazione. Ha messo delle restrizioni. Mi ha detto, anzi quasi comandato: "Quando lavoro, tu devi stare con Anthony nel soggiorno e devi occuparti di lui, così che non corra e non mi disturbi". Beh, mi aspettavo un atteggiamento diverso da un papà premuroso, ma per quieto vivere mi sono adeguata. Il problema è sorto quando anch'io dovevo usare il computer perché con il cellulare non potevo gestire bene i compiti che mi assegnavano a lavoro. E qui di nuovo un problema, la gestione del tempo trascorso al computer. Poi, a volte, Anthony voleva vedere un programma per bambini che già prima guardavamo insieme su YouTube. Ovviamente questo ha creato delle discussioni, anche in presenza del bambino. Finalmente Mirko ha comprato un tablet che è arrivato qualche giorno dopo.

Questa cosa ha smussato le discussioni circa l'uso del computer, ma poi sono emerse nuove divergenze sulla scelta dei programmi da vedere in televisione, sulla programmazione della giornata, ecc. Devo ammettere che non eravamo stati abituati a trascorrere tutto questo tempo insieme. Incontrare altre persone e parlare con qualcuno era utile per ventilare i sentimenti e sfogarsi, e poi, quando si tornava a casa, si poteva tranquillamente condividere una parte del vissuto quotidiano in famiglia. Eravamo sempre insieme e questo cominciava a diventare un peso. Anche gli orari dei pasti sono diventati un problema, perché il bambino doveva mangiare a una certa ora, quando Mirko doveva ancora lavorare. Poi anche i problemi con l'ordine. Mirko è molto disordinato. Da quando lo conosco, lascia i panni sporchi dove capita e non mette in ordine le sue cose. Questo ha cominciato a disturbarmi, perché creava caos ed era pericoloso per Anthony che poteva inciampare e farsi del male. Ovviamente la richiesta di mantenere l'ordine ha scatenato una lite furibonda. Ci siamo detti di tutto e di più e siamo arrivati pure alle mani. Meno male che Anthony guardava la televisione e non ha assistito a questa sceneggiata pietosa.

Poi un giorno ho scoperto una cosa che mi ha sconvolta. Abbiamo un terrazzo che comunica con il finestrella del bagno. Una sera, stendendo i panni, ho sentito una telefonata che Mirko ha fatto dal bagno. Parlava con una donna e ho sentito chiaramente come le ha detto che le mancava tanto e che non vedeva l'ora di abbracciarla. Il cuore mi si è spezzato! La mattina seguente, presto, dopo una notte insonne, ho fatto la cosa che ho sempre rimproverato alle mie amiche: ho controllato il suo cellulare e ho scoperto i messaggi vocali di WhatsApp e le foto di questa ragazza. Ovviamente più tardi gli ho detto tutto e ho chiesto delle spiegazioni. Mirko ha ammesso tranquillamente di avere una relazione con questa ragazza dicendo: "Pensavo che non fossi così bigotta. Non siamo sposati e non voglio vivere in una gabbia! Sto con te e mi prendo cura di Anthony. Ti manca qualcosa?". Questa cosa mi ha aperto gli occhi! Probabilmente il "noi" non esisteva più e il mio amore era solo "unilaterale"... Riflettendo, ho capito che ero solo io ad investire nella nostra relazione, ero io che cercavo di andare avanti creando delle situazioni di complicità e di famigliarità, ero sempre io che mi occupavo di tutto e, non pretendendo niente, ho messo lui al centro della mia vita. Ho capito che in fondo lui non si sentiva legato a me nella stessa maniera in cui io mi sento, o meglio, mi sentivo legata a lui. Le illusioni sono crollate come un castello di sabbia e ho capito che dovevo andare avanti da sola. È vero, con Mirko rimarrà sempre un legame, nostro figlio ha il diritto di avere l'affetto di un papà.

Per me la pandemia si è rivelata un vero pandemonio, ma nel contempo ha riportato nella mia vita la chiarezza, che probabilmente altrimenti non avrei mai avuta. Dopo la riapertura degli studi legali ho avviato la pratica per ottenere la custodia di Anthony e l'aiuto economico da Mirko per garantire un futuro a nostro figlio. Lui non ha protestato ed è stato collaborativo. Forse sperava nella riconciliazione o nel ritorno della vecchia fiamma... ma dentro di me qualcosa si è spezzato, qualcosa è cambiato in me. Come se la vicinanza nei giorni della quarantena mi avesse aperto gli occhi e mi avesse permesso di guardare più lontano e senza paura...

***

La pandemia di COVID-19 ci ha immersi in un fenomeno di carattere mondiale che ci ha resi tutti uguali, tutti distanti, tutti uniti dall'unico obiettivo di proteggerci e costretti a vivere le restrizioni con un crescente senso d'impotenza.

La costrizione a vivere 24 ore su 24 assieme ai famigliari o, all'opposto, i periodi prolungati di solitudine forzata, ci hanno obbligati a modificare o addirittura reprimere il nostro bisogno di vicinanza e relazione. Ovviamente, anche il contatto con l'ambiente esterno si è ridotto ed è cambiato il carattere. Tutto ciò che in precedenza, in un certo senso, garantiva la "ventilazione" dei sentimenti e la mitigazione delle tensioni all'interno della coppia è venuto meno. Dovendo passare la maggior parte del tempo fra le mura domestiche, i dissapori e i rancori sono affiorati nei rapporti interpersonali, anche quelli che sembravano più consolidati. Problemi di comunicazione, discussioni, incomprensioni, dubbi, conflitti, frustrazioni, assenza di interessi comuni, mancanza di attenzioni, progetti che vacillano, insicurezza sul futuro, paura del tradimento,

abbassamento dell'umore, rabbia che sfocia in violenza verbale o fisica, sono state solo alcune delle difficoltà con cui confrontarsi.
Nell'era della modernità, i vincoli che legano le persone tendono a diventare sempre più fragili e mutevoli nel tempo e, come tutta la società, anche le coppie si scoprono sempre più "liquide"[16]. Sottoposte a mille forze centrifughe che cercano di dissolverle e ad una grande forza centripeta che è l'amore, l'affetto, il desiderio di unità nel progetto di vita comune. Nei momenti di difficoltà, esse riescono a rimanere solide solo quando fra la forza centripeta e quella centrifuga c'è equilibrio.

Le dinamiche instauratesi al loro interno dipendono molto dalla situazione di partenza. Ci sono coppie "collaudate", quelle che nella quotidianità sapevano già ritagliarsi i loro spazi e li progettavano. Queste, nel momento di crisi provocata dalla pandemia, hanno capito ancora di più l'importanza della condivisione e dello scambio reciproco. Hanno sperimentato la loro voglia di stare insieme e l'esigenza di darsi un tempo di qualità più che di quantità. All'estremo opposto si posizionano le coppie che erano già "al capolinea" o che, addirittura, coppia non lo sono mai state. Coinquilini, piuttosto. La quarantena, questi giorni di restrizioni e costrizioni provocati da fattori esterni, per loro sono stati di particolare fatica, ma almeno hanno permesso di capire che il loro rapporto era già finito. Un periodo utile per acquisire consapevolezza circa la veridicità dei loro sentimenti, per chiarire le proprie posizioni e allontanarsi definitivamente dal partner. Poi c'è il "grande centro": tutte quelle innumerevoli coppie a "media conflittualità", spesso in disaccordo nella routine ma che nel tempo sono state in grado, quasi sempre, di trovare compromessi accettabili. Queste coppie devono ritrovare la motivazione per stare insieme, e questo periodo, pur nelle mille fatiche, potrebbe offrire loro un'occasione davvero unica per farlo.

Il lockdown segna spesso una svolta nel rapporto di coppia, creando le condizioni favorevoli per una maggiore complicità o, al contrario, rivelando l'abisso delle differenze incolmabili nello stare insieme sotto lo stesso tetto.

[16] Cfr. BAUMAN, Z.: *Liquid Modernity*. Cambridge: Polity Press, 2000.

Nell'accompagnamento (counseling) delle coppie durante l'isolamento causato dalla pandemia, alcuni accorgimenti sembrano facilitare il recupero della relazione:

1. Ristabilire e mantenere una routine

È importane ricostruire una vita simile a quella che si conduceva prima del lockdown e dare un senso di continuità con il periodo pre pandemico: cominciare a uscire in coppia, ripristinare la rete dei rapporti e riagganciare contatti con amici e parenti, progettare gli eventi per il futuro. Tutto questo serve a guardare avanti nella vita e a non concentrarsi sui traumi del passato o sulle loro conseguenze nel presente.

2. Conservare uno spazio privato (in termini di tempo ma anche di spazio materiale)

Per mantenere saldo il rapporto di coppia è importante ritagliarsi uno spazio individuale nel quale potersi dedicare alla cura di sé, all'attività fisica, alla lettura stimolante o comunque a tutto ciò che fa stare bene la persona. L'importante è che si tratti di un luogo e di un momento completamente privato. All'interno delle coppie con figli si è creata una situazione nuova con le scuole chiuse, la condivisione di spazi e la compresenza di tutti i componenti della famiglia. Nasce la necessità di stabilire delle divisioni e dei confini.

3. Una nuova divisione dei compiti

Una suddivisione chiara dei compiti aiuta ad organizzare la giornata, ma con i nuovi assetti famigliari legati agli eventi imprevisti (difficoltà negli spostamenti, possibili ritardi, cancellazione degli appuntamenti) possono cambiare anche i ruoli e ciò di cui si occupa ogni membro. La pandemia è un momento storico eccezionale dove tutti si mettono in gioco con un nuovo senso di responsabilità. Tutti i componenti della famiglia dovrebbero dimostrarsi flessibili e pronti ad assumere compiti diversi e in alcuni casi nuovi rispetto a prima. Una suddivisione chiara dei compiti aiuta ad organizzare la giornata, ma può anche trasformarsi in una piccola sfida che sa di competizione e rende la solita routine meno insipida. Lo svolgimento dei compiti favorisce in definitiva la ripresa delle relazioni e potenzia la socializzazione.

4. Aumentare la tolleranza e abbassare i toni della discussioni

Durante i momenti di discussione, che possono facilmente generarsi in una condizione di stress e isolamento forzato, il consiglio è quello di non perseverare nel conflitto per evitare di arrivare a una escalation dell'aggressività verbale o fisica. Il partner più incline alla riconciliazione dovrebbe astenersi dal sottolineare ciò che amplia le differenze e fomenta il conflitto, ma rinforzare invece il legame, la cura, la comunicazione. L'elemento chiave è il legame: quanto migliore è il rapporto e quanto più sono forti gli obiettivi condivisi, tanto più facile si rivela la riduzione del conflitto. Il secondo elemento è la capacità di non farsi trascinare in una escalation che rinforzerebbe la rabbia di chi ha aperto il conflitto. Il terzo elemento è il mantenimento di un atteggiamento di cura/premura verso il partner agitato, che accoglie il malcontento e lo disinnesca con dolcezza e calore umano autentico.

5. Coltivare spazi per lo sfogo emotivo, il gioco e le attività ludiche

Nel momento dell'inasprimento della tensione è necessario avere la possibilità di un sano "sfogo emotivo". Per la salute relazionale della coppia è importante la presenza degli spazi ludici e di piacere condiviso. È rigenerante riscoprirsi compagni di divertimento e dedicarsi a quelle attività ricreative che, a causa degli impegni lavorativi, non sempre si potevano realizzare in precedenza. I giochi da tavolo, i videogiochi, purché condivisi con il partner, il karaoke, l'attività ginnica o i corsi di ballo online, aiutano a ritrovare quella complicità che permette di fare un'unica squadra e affrontare insieme le future sfide.

6. Condividere le emozioni

È importante condividere le proprie emozioni e preoccupazioni con il partner. La consapevolezza di un pericolo esterno non indifferente, come la pandemia, può essere una buona occasione per approfondire o recuperare un'interazione che forse si è smarrita lungo il cammino di vita fatto insieme. L'apprezzamento dell'altro espresso con poco entusiasmo, il parlare del più e del meno, la scarsa attenzione nei confronti del partner sembravano essere giustificati dagli impegni della quotidianità lavorativa. Nel momento del lockdown causato dal dilagare del coronavirus, la giustificazione motivata da fattori esterni è venuta meno. La condivisione delle emozioni e preoccupazioni è diventata un modo di infondersi coraggio a vicenda.

7. Mantenere vive e curare le relazioni, cercando di renderle il più personali possibile

Nel tempo della pandemia il carattere della comunicazione con gli altri è cambiato. Le relazioni sono diventate sempre più "virtuali" e sempre meno umane. Non potendo incontrarsi personalmente, tanti si sono avvalsi dell'aiuto dei social media. Questi strumenti di comunicazione, così popolari tra le giovani generazioni e spesso usati in maniera indiscriminata, permettono di condividere stati d'animo, pensieri, frasi e foto, rendendo gli altri partecipi del proprio vissuto. Il problema del carattere vero di questa "relazione virtuale" spesso non si pone, perché, tramite un "Like / Mi piace" ci si sente capiti e accettati. Il problema vero però esiste e si chiama spersonalizzazione, perché attraverso l'uso di Facebook, Twitter, Instagram o altre applicazioni di messaggistica istantanea si sviluppa sempre una relazione "mediata" dallo stesso mezzo che viene utilizzato, che lascia poco spazio all'impronta personale. La comunicazione attraverso i social media, con le loro impostazioni e limitazioni legate alle condizioni d'uso, non può far arrivare all'interlocutore tutta la ricchezza dei contenuti e far pervenire integralmente ciò che l'utilizzatore sperimenta. Per questo motivo è molto importante, anche nel tempo della pandemia, continuare ad interagire con gli altri faccia a faccia e tessere rapporti segnati da unicità e irripetibilità, che li rendono cosi preziosi.

8. Se necessario, chiedere un aiuto esterno/professionale

Se ci dovessero essere momenti di disagio e difficoltà caratterizzati da particolare sconforto, ansia ingestibile e depressione prolungata, si può, anzi, si deve chiedere l'aiuto di un professionista della salute mentale. Non sempre la buona volontà e la presenza affettuosa del partner bastano per far elaborare un vissuto emotivo importane o risolvere un problema di ordine mentale.

La presenza del counselor, un colloquio, o una serie di incontri, potrebbero aiutare la coppia a ritrovare la complicità e l'affiatamento. A volte è proprio la visione miope, o comunque limitata del miglioramento del rapporto a precludere la possibilità di un dialogo, che potrebbe segnare un nuovo inizio nella vita di coppia.

8. L'eclissi della gioia di vivere: la depressione ai tempi della pandemia

Il pessimismo che accompagnava il sorgere dell'epidemia di COVID-19 ha segnato il vissuto di tante persone durante la quarantena. Molti, in questo tempo particolare, si sono sentiti "giù di morale" e incapaci di apprezzare gli aspetti piacevoli della vita. I sentimenti positivi hanno lasciato spazio ai dubbi e alle incertezze. Il futuro incuteva paura di non farcela. Per tanti questa condizione è diventata ormai permanente...

Il seguente racconto presenta il nucleo centrale del colloquio di counseling nel quale Elisa, un'impiegata di 35 anni che vive da sola dopo la morte della madre, descrive il suo stato d'animo caratterizzato dalla sensazione di attraversare "un tunnel buio con il cuore colmo di tristezza". Tendenzialmente introversa, Elisa ha sviluppato una serie di sintomi che fanno pensare alla depressione. Lo scopo del colloquio è quello di aiutarla ad acquisire piena consapevolezza della propria condizione e, se lo vorrà, facilitare l'incontro con uno specialista.

Elisa: In quest'ultimo periodo sono terribilmente giù di morale. Mi sento come se attraversassi un tunnel buio con il cuore colmo di tristezza. L'angoscia mi assale all'improvviso. Anche se mi ripeto che non sono l'unica che vive questa situazione di pandemia con difficoltà, non riesco a smettere di vedere "tutto nero", ad essere intollerante, irritabile, pessimista, nervosa e distante da tutti. Sono sempre stanca e non mi va di parlare con nessuno. Anche adesso mi sforzo di parlare con lei...

Counselor: Pensa che tutto questo sia emerso con l'arrivo della pandemia oppure vede un'altra spiegazione?

Elisa: Beh, da alcuni sono considerata una persona riservata e introversa... anche all'università mi sentivo fuori dal coro, perché non sempre mi lasciavo trascinare dalle amiche che amavano le feste. Preferivo leggere un buon libro e starmene da sola. Non ritengo però di essere una persona solitaria. Quando conosco bene una persona riesco ad aprirmi e rimango fedele alle amicizie. Forse non sono troppo chiacchierona, ma neanche mi ritengo una monaca di clausura... adesso però non so cosa mi sta succedendo...

Counselor: Mi parli di come vive questo tempo.

Elisa: Vivo con un'ansia costante e mi sento molto stanca. Ci sono dei giorni in cui vorrei solo dormire e altri nei quali ho tanti pensieri che mi frullano per la testa e sono troppo agitata per addormentarmi. Al lavoro mi hanno detto che non sono efficiente e non mi hanno prolungato il contratto... andando al lavoro, almeno in un certo senso mi distraevo. Adesso, dopo tutto questo, non mi va neanche di uscire... poi, cosa dico alla gente, che sto male? Ultimamente soffro spesso di cefalea o disturbi gastroenterici. Vedo tutto nero, non riesco a ritrovare la gioia di vivere e non ho la forza di andare avanti. Mi sento davvero giù! Non ho nessuno con cui parlare... sì, qualche amica ci sarebbe, ma non mi sento di raccontare tutto a qualcuno che in faccia non ti dice niente ma non riesce tenere le cose per sé.

Counselor: Capisco che non è facile affrontare la vita con tanta angoscia nel cuore. Si sente giù e vorrebbe trovare qualcuno che la capisca e non la giudichi.

Elisa: Esatto, non riesco capire da sola se quanto vivo è normale o già sono oltre.

Counselor: Se ho capito bene, lei ha dei dubbi se quanto vive è nella normalità o è sfociato in una patologia?

Elisa: Sì, mia mamma ha avuto la depressione per lunghi anni e ho paura che l'ho ereditata.

Counselor: L'espressione "vedo tutto nero", che ha usato all'inizio del nostro colloquio, e la descrizione di come si sente mi fanno pensare ai sintomi di una depressione che toglie la gioia di vivere e spesso rende difficile anche la gestione delle vicende quotidiane. Non sono un esperto in materia e per questo motivo le suggerirei un colloquio con una persona competente. Se lo desidera, posso fornirle qualche indirizzo. (Dopo l'assenso di Elisa, il counselor la indirizza a uno specialista in diagnostica e cura della depressione.)

***

La depressione, spesso definita come il male oscuro o l'eclissi della gioia di vita, è un disturbo dell'umore che colpisce circa il 10-15% della popolazione, senza distinzione di sesso, età, stato sociale. È una vera e propria malattia sistemica, che riguarda l'organismo nella sua interezza. Il disturbo non è mai causato da un evento isolato, ma da un insieme di fattori che sono biologici e ambientali insieme[17]. I primi segnali d'allarme, più che sintomi sono comportamenti che provocano lievi difficoltà nello svolgimento delle normali funzioni di vita quotidiana. In seguito si manifestano variazioni del tono dell'umore, cioè di quella funzione psichica che accompagna l'adattamento al nostro mondo interno, psicologico e a quello esterno: il tono dell'umore è alto quando siamo in condizioni piacevoli, va verso il basso quando viviamo situazioni sgradevoli. Chi soffre di depressione sperimenta eccessivo abbassamento del tono dell'umore, angoscia persistente, perdita di interesse nelle attività che normalmente danno piacere e difficoltà nello svolgimento anche delle più semplici azioni quotidiane, con conseguenze negative sulle relazioni interpersonali. Lamenta di sentirsi colpevole o vuoto, facile alle lacrime, triste e disperato.

A tutti capita di avere una "brutta giornata" o provare, in momenti particolari della propria vita, come ad esempio durante la pandemia di COVID-19, sentimenti come tristezza, sconforto e pessimismo. Tuttavia, se queste reazioni emotive sono eccessivamente intense e durano troppo a lungo, possono rivelare la presenza del

---

[17] Pensare che la depressione dipenda da un'unica causa non è propriamente corretto; si tratta di un disturbo multifattoriale dove aspetti genetici, biologici e psicosociali interagiscono tra loro. Sottolineando il ruolo dei fattori genetici nella comparsa della depressione, esistono numerose evidenze empiriche che ne provano un'importante componente ereditaria. Alcuni studi dimostrano un maggiore rischio (5% – 25%) dello sviluppo di un disturbo analogo nei familiari di primo grado dei pazienti con depressione maggiore. Questo non significa che è inevitabile soffrire di depressione, ma che si può essere vulnerabili al disturbo. Il fattore genetico non spiega per intero il verificarsi del disturbo.

Mettendo in evidenza il ruolo dei fattori biologici della depressione, si parla di un'alterazione nella funzione dei neurotrasmettitori cerebrali (noradrenalina, serotonina, dopamina) che concorre alla comparsa di disturbi somatici, cognitivi, emotivi, relazionali; sia la serotonina che la noradrenalina svolgono la loro azione all'interno di nuclei cerebrali deputati al controllo di tutta una serie di funzioni che si mostrano alterate nella depressione (modulazione dell'umore, regolazione dell'affettività, controllo di alcune funzioni cognitive, regolazione del sonno e dell'appetito, motivazione).

Il ruolo dei fattori psicosociali nell'insorgenza della depressione si concentra sugli eventi stressanti favorenti il suo sviluppo, che vengono vissuti dal soggetto come perdite irreversibili, irreparabili e totali. Alcuni di questi possono essere: malattie fisiche; separazioni coniugali; difficoltà nei rapporti familiari; gravi conflitti e/o incomprensioni con altre persone; cambiamenti importanti di ruolo, di casa, di lavoro; licenziamenti; fallimenti scolastici, lavorativi o economici; essere vittime di un reato o di un abuso anche in età infantile; perdita di una persona cara; rottura di matrimonio o fidanzamento; problemi con la giustizia, ecc.

disturbo mentale definito come depressione reattiva, che è una risposta emotiva sproporzionata a un doloroso evento vissuto. Per poter differenziare meglio un semplice abbassamento "fisiologico" di umore dalla depressione reattiva vera e propria, si deve tener presente che quest'ultima comporta una significativa e duratura compromissione del funzionamento sociale, delle capacità lavorative e della vita relazionale.

In molti casi, la depressione reattiva è "mascherata" con sintomi di natura psicosomatica. Il campanello d'allarme si può accendere già quando i disturbi d'umore comprendono un insieme di condizioni caratterizzate da una persistente o ricorrente serie di sintomi psicofisici, eccessivamente elevati o ridotti, che variano da persona a persona e generalmente si manifestano come astenia, affaticabilità, drastico aumento o diminuzione del peso corporeo, oppressione toracica e cardiopalmo, calo della libido e dell'efficienza sessuale, disuria, dispepsia, stipsi, insonnia o ipersonnia, agitazione e iperattività del sistema nervoso autonomo.

Un altro tipo di depressione, che insorge in chi prova frequenti e intensi stati di insoddisfazione e tristezza, senza alcun apparente motivo esterno, viene definito come depressione maggiore, detta anche depressione endogena o depressione unipolare. Si tratta di una depressione non direttamente collegabile a particolari eventi (lutti, perdite, situazioni stressanti, traumi subiti). I sintomi principali della depressione maggiore riguardano l'abbassamento del tono dell'umore, la minore spinta vitale, i pensieri negativi/pessimistici e la bassa capacità di concentrazione. Nello specifico, la depressione maggiore si caratterizza per i seguenti sintomi: umore depresso/profonda tristezza quotidiana per la maggior parte della giornata che non si modifica nemmeno a fronte di eventi piacevoli e gioiosi; marcato disinteresse o piacere verso le normali attività; significativa perdita di peso o alterazioni dell'appetito (aumento o diminuzione significativi); insonnia o ipersonnia persistente; agitazione psicomotoria o rallentamento della motricità; sensazione di fatica o di perdita di energie; sensazione di vuoto interiore; sensazione di assenza di sentimento (si pensa di non provare più amore per i propri cari). Chi soffre di depressione maggiore può mostrare consistenti difficoltà a memorizzare, a prestare attenzione, a ricordare ciò che si è letto o sentito. Quando la depressione maggiore è molto profonda, si può osservare un rallentamento del flusso del pensiero (bradipsichismo). Secondo il DSM-5 (Manuale diagnostico e statistico dei disturbi mentali redatto dall'American Psychiatric Association – APA, pubblicato nel 2013)[18] per poter fare diagnosi di disturbo depressivo maggiore è necessario che siano presenti almeno 5 di questi sintomi per una durata di almeno due settimane[19].

Le persone che soffrono di depressione tendono ad avere una scarsa opinione di se stesse e delle proprie capacità/competenze. Non di rado mostrano pensieri negativi nei confronti degli altri e delle persone che le circondano e aspettative negative relative al proprio futuro. In genere il contenuto negativo dei pensieri peggiora con l'abbassarsi del tono dell'umore, fino ad arrivare alla presenza di ideazioni deliranti (deliri di inguaribilità, di colpa, di rovina, ecc.), ricorrenti pensieri di morte, ideazioni suicidarie o tentativi di suicidio. Riconoscere il disturbo depressivo in fase iniziale è importante, in quanto più rapida è la diagnosi, migliore è la prognosi. Molto spesso invece le persone convivono con questo disturbo per anni senza cercare aiuto, emarginate dal loro ambiente e stigmatizzate come malati mentali.

Nonostante i disturbi dell'umore siano disturbi particolarmente invalidanti e creino grave sofferenza a chi ne è affetto, negli anni si sono sviluppate numerose cure efficaci. Gli sviluppi costanti della terapia farmacologica hanno portato alla scoperta

---

[18] AMERICAN PSYCHIATRIC ASSOCIATION, *DSM-5. Manuale diagnostico e statistico dei disturbi mentali*, Milano: Raffaello Cortina Editore, 2014.

[19] Per sintetizzare, possiamo inserire i sintomi della depressione in quattro grandi aree: sintomi somatici, sintomi emotivi, sintomi comportamentali, sintomi cognitivi.

I sintomi somatici della depressione più comuni sono: perdita di energie, senso di fatica, disturbi della concentrazione e della memoria, agitazione motoria e nervosismo, perdita o aumento di peso, disturbi del sonno (insonnia o ipersonnia), mancanza di desiderio sessuale, dolori fisici, senso di nausea.

Tra i sintomi emotivi della depressione elenchiamo: tristezza, angoscia, disperazione, senso di colpa, vuoto, mancanza di speranza nel futuro, perdita di interesse per qualsiasi attività, irritabilità e ansia.

I principali sintomi comportamentali della depressione sono: riduzione delle attività quotidiane, evitamento delle persone e isolamento sociale, comportamenti passivi, riduzione dell'attività sessuale, tentativi di suicidio.

Tra i principali sintomi cognitivi, invece, annoveriamo: rallentamento ideativo, incapacità decisionale, disturbi della concentrazione e della memoria, ruminazione depressiva, pensieri negativi su di sé, sul mondo e sul futuro, idee di colpa/indegnità/rovina, autosvalutazione, autocommiserazione, percezione del tempo rallentato, percezione dell'attuale stato mentale come di una condizione senza fine. Cfr. ISTITUTO A.T. BECK: *Sintomi della depressione, quali sono?* In: https://www.istitutobeck.com/depressione/sintomi-della-depressione (consultato 18. 07. 2020)

di molecole sempre più efficaci nel trattamento dei diversi disturbi dell'umore, riducendo gli effetti collaterali della terapia per i pazienti. Tra i farmaci utilizzati troviamo gli antidepressivi triciclici (TCA), gli inibitori delle monoaminossidasi (IMAO), gli inibitori selettivi del re-uptake della serotonina (SSRI), gli inibitori selettivi del re-uptake della noradrenalina e della serotonina (NSRI) e altre tipologie ancora. Possono inoltre essere utilizzati farmaci neurolettici, in particolare quando i sintomi della depressione sono particolarmente gravi e sfociano in sintomi psicotici.

Si deve tener presente che la terapia farmacologica è sintomatica, agisce cioè sui sintomi ed è necessaria quando la loro gravità inibisce la vita sociale, lavorativa e affettiva. Per fornire un supporto efficace e duraturo alle persone depresse sono necessari interventi che considerino in maniera olistica gli aspetti della loro vita, quindi composti da una serie di passi, tra cui una corretta diagnosi, la spiegazione delle problematiche psicologiche e dei sintomi somatici ai pazienti, la riduzione (o eliminazione) dei fattori ambientali precipitanti o aggravanti, l'informazione dei parenti e amici sui bisogni della persona depressa che diventa essenziale per la loro attiva collaborazione nella cura e, infine, se possibile, l'inserimento in un ambiente lavorativo privo di stress.

Molto utile nel fornire l'aiuto alle persone depresse si rivela la psicoterapia, che mira alla ricostruzione globale della personalità ed è focalizzata a rendere il paziente protagonista nella propria cura, così che, capace di comprendere quello che gli succede, possa fare autonomamente i passi fuori dal tunnel dell'isolamento, del dolore e della fatica di vivere. Questo tipo di approccio sembra essere più efficace nel caso di pazienti affetti dalla depressione reattiva rispetto a quella endogena, che più spesso si avvale della terapia farmacologica. Particolarmente utile, considerando la valenza delle relazioni che vive il paziente (cruciale anche nel contesto del counseling), specie nell'insorgenza della depressione reattiva, si può rivelare la psicoterapia interpersonale (IPT), che pur riconoscendo il ruolo di fattori genetici, biochimici e di personalità nel determinare l'insorgenza della depressione, pone in primo piano le relazioni interpersonali attuali del paziente depresso. È una psicoterapia di durata limitata (12-

20 settimane), che esamina la correlazione tra depressione e problematiche del paziente in ambito interpersonale: i problemi interpersonali possono rappresentare la causa del disturbo depressivo o essere da questo causati. L'obiettivo iniziale della terapia è ridurre i sintomi depressivi, ma lo scopo più generale è quello di migliorare la qualità delle relazioni interpersonali ed il funzionamento sociale del paziente. La tecnica attraverso cui definire l'area problematica primaria d'intervento è l'inventario interpersonale: una rassegna delle relazioni interpersonali, passate e presenti, importanti per il paziente. Secondo la IPT le problematiche interpersonali possono essere divise in 4 aree:

- contrasti interpersonali (contrasti con coniuge, famiglia, amici, ecc.);
- transizioni di ruolo (abbandono della propria famiglia, cambio di lavoro, gravidanza, divorzio, pensionamento, ecc.);
- lutto (morte di una persona cara);
- deficit interpersonali (solitudine, isolamento sociale).

Questo approccio, dopo aver valutato quale area è maggiormente correlata all'insorgere della depressione, si avvale di tecniche proprie di altre psicoterapie.[20]

Fondamentale nel percorso di recupero è l'aiuto fornito dalla relazione di aiuto (counseling), che diventa uno strumento complementare al supporto farmacologico. Attraverso la comprensione empatica e l'ascolto non giudicante, gli interventi interpretativi, ricostruttivi, esplicativi, chiarificatori o di sostegno che vengono effettuati in maniera non intrusiva, si accompagna la persona depressa verso un cambiamento cognitivo sul piano dei pensieri, della visione di se stessa e delle proprie capacità, della propria vita attuale e del proprio futuro. L'intervento del counseling aiuta la persona depressa a uscire dall'isolamento, dall'inerzia e ruminazione mentale e facilita invece il contatto con la parte sana della propria personalità, promuovendo un modo nuovo di rapportarsi a se stessa e alla propria malattia, meno apprensivo e più funzionale.

---

[20] Cfr. MAGGI, L.: *Psicoterapia Interpersonale della Depressione*, In: http://www.psicoterapiainterpersonale.it/didattica/psicoterapia-interpersonale-della-depressione/ (consultato 10. 07. 2020)

9. Dire addio senza vedersi: il lutto durante la pandemia

Con il crescente numero di contagi di COVID-19, la morte di persone che pochi giorni prima stavano bene era un fatto inaudito, che ha scosso e rovesciato la vita di intere famiglie. Le morti nelle prime settimane di pandemia spesso sono state improvvise, rese drammatiche dalle circostanze in cui sono avvenute. La lontananza dai propri cari, l'isolamento sanitario, la mancanza dell'affetto e del calore umano espresso solitamente attraverso gesti di vicinanza, hanno reso gli ultimi attimi di vita ancora più "disumani". La morte in solitudine negli ospedali, nelle case di cura o residenze per gli anziani è diventata un evento sistematico. Niente parole e gesti d'addio che esprimono l'amore del legame o il dolore del distacco che la morte provoca! Niente funzioni religiose o riti laici di addio con la partecipazione dei propri cari! Niente di tutto ciò che prima dava il conforto umano ai morenti e ai famigliari dei defunti poteva essere fatto per motivi igienico-sanitari. Il rito "sostitutivo" è diventato umanamente sterile e incompleto. Tutto questo ha lasciato numerose ferite nei cuori dei superstiti.

Il seguente colloquio narra le difficoltà di Luca, che non ha potuto dire addio alla madre 88enne che è stata ricoverata d'urgenza nel reparto COVID dal quale non è più tornata. Il colloquio di counseling gli ha dato il sollievo di cui aveva tanto bisogno, accompagnandolo nell'esplorazione dei suoi sentimenti e indicandogli la strada per l'elaborazione del lutto.

Luca: Il 29 marzo è morta mia madre. Mi ricordo che l'hanno portata nel reparto COVID il giorno di San Giuseppe, il 19 marzo, perché era il giorno del compleanno di papà, scomparso tre anni fa. Sono andato da lei nella residenza sanitaria assistenziale dove era ricoverata. Le ho portato le zeppole di San Giuseppe al forno, che amava così tanto. Abbiamo ricordato insieme papà, guardato le foto. Le è scappata pure qualche lacrimuccia, ma tutto sommato stava abbastanza bene. Alle ore 21:00 circa mi chiamano dalla RSA dicendomi che mamma è stata ricoverata d'urgenza per difficoltà respiratorie. Chi poteva pensare che la causa di tutto ciò fosse quel maledetto virus! Da quel giorno non l'ho vista più. Non sono potuto andare all'ospedale per vederla e dirle addio! Anche il funerale è stato celebrato in forma privata, nel cerchio di pochi famigliari...

Counselor: Tutto è successo rapidamente e non ha potuto congedarsi da sua madre.

Luca: Non ho raccontato a nessuno cosa ho vissuto dentro di me in questi mesi. Mi sento come se una bomba esplodesse dentro di me! Non riesco a trovare pace. Niente mi dà gioia. Per me tutto è sospeso. Mi sembra di vivere in un congelatore.

Counselor: Mi sta dicendo che il lutto così inaspettato l'ha resa inerme.

Luca: Non riesco a scordare quei momenti. Tengo ancora tutto dentro. Non riesco a ripartire. Adesso ho ripreso pure a lavorare, ma quando sto da solo a casa dove guardo vedo lei. Mi ricordo le sue parole. La vedo nella poltrona vicino al radiatore, dove amava leggere i suoi libri. Mi sembra di vivere un sogno da cui non mi sono ancora svegliato. Non riesco a farmi una ragione di quanto è successo. Tutto è stato così precipitoso e così intenso...

Counselor: Non è facile ripartire dopo aver vissuto momenti così intensi e dolorosi. Se ho capito bene, lei adesso vive da solo. Penso che in questo momento sarebbe importante per lei poter condividere con qualcuno i suoi sentimenti e raccontare quanto ha vissuto. Questo è essenziale per poter elaborare il lutto.

Luca: Sì, lo penso anch'io, ma tra i miei colleghi non c'è nessuno capace di ascoltarmi pazientemente e senza giudicarmi. Dove lavoro io sono quasi tutti maschi: hanno le loro famiglie e i loro problemi... E poi non sono abituati ad ascoltare qualcuno senza fare battute per sdrammatizzare con frasi stupide. Una volta un ragazzo ha raccontato, quasi piangendo, che era stato lasciato dalla sua ragazza... e lo hanno deriso, dicendogli che doveva tenere duro e non fare la femminuccia. La mia è una cosa seria e non voglio raccontarla al primo che capita... Ultimamente mi sono spostato a Pescara e vivo lontano dalla mia famiglia d'origine. Non ho nessuno con cui parlare di queste cose così intime. Non sono bravo nel parlare di me e dei miei sentimenti.

Counselor: Capisco che non è facile per lei aprirsi e parlare di cose così delicate davanti agli estranei. Mentre stava parlando, mi è venuto in mente un gruppo di mutuo aiuto, un gruppo di persone che si incontrano presso i locali di una parrocchia per poter condividere i momenti difficili della loro vita e donarsi reciprocamente sostegno. So che fanno parte di questo gruppo anche persone che hanno vissuto una situazione simile alla sua. Forse questo potrebbe esserle di aiuto...
Luca: Penso di sì, anzi spero di poterci andare... Davvero da solo non ce la faccio più. Se anche loro hanno vissuto una situazione simile alla mia potrebbero capirmi davvero...
(Dopo il colloquio, Luca si annota l'indirizzo del gruppo di mutuo aiuto che vuole contattare il prima possibile.)

***

Parlare della morte vuol dire inevitabilmente parlare anche della vita e del suo significato per l'individuo e per la collettività. Da tanto tempo il tema della morte è stato rimosso dal pensiero collettivo, così come altri temi socialmente "scomodi" o "seccanti" come la sofferenza, la malattia grave, l'handicap e altri ancora. Progressivamente, cominciando dal secondo dopoguerra, abbiamo allontanato da noi le riflessioni sulla transitorietà e fragilità della vita terrena, costruendo collettivamente l'illusione onnipotente del controllo su di essa e sugli eventi che la potrebbero minacciare. Non avendo chiaro il significato della vita, non possiamo nemmeno dare un significato alla morte e ciò ci porta a rimuoverla dal nostro panorama esistenziale. La paura della morte è proporzionale a quanto non riusciamo o non vogliamo comprendere la vita.
Durante la fase più acuta della pandemia di COVID-19 dovevamo per forza confrontarci con la morte che sembrava bussare alle nostre porte. Le immagini televisive delle bare messe una accanto all'altra negli obitori, delle terapie intensive degli ospedali piene di malati intubati e in pericolo di vita, ci hanno costretti a

confrontarci con la morte, che da un'immagine sfocata e lontana è diventata più nitida e reale.

Di fronte al dilagare dell'epidemia, tutto quello che abbiamo fatto per umanizzare il mondo della salute – la conoscenza dei pazienti non solo dal punto di vista medico ma anche umano, l'instaurare con loro della relazione terapeutica, la personalizzazione dell'approccio terapeutico alla base delle loro esigenze/preferenze – sembra passare in secondo piano. La rapidità e l'alto numero dei decessi spesso non hanno permesso nemmeno di costruire una relazione umana di conoscenza tra i pazienti e gli operatori sanitari. Per motivi di prevenzione del contagio, gli stessi familiari non potevano assistere il proprio congiunto nei suoi ultimi giorni di vita; spesso gli stessi familiari erano già positivi e posti in quarantena o anch'essi ricoverati. Molte persone sono morte da sole, senza i loro affetti più cari, con l'impossibilità di salutarsi per un'ultima volta. Gli sguardi degli operatori sanitari e i loro gesti umani sono stati la loro unica e preziosa vicinanza umana negli ultimi giorni della loro esistenza terrena[21].

Vivere il lutto, il periodo di adattamento alla scomparsa di una persona cara, ovvero alla scomparsa definitiva di tutto ciò che a quella persona ci legava nel passato, nel presente e nei progetti futuri, è faticoso. La persona in lutto può sperimentare un'oscillazione costante tra due opposte polarità: una tesa a vivere il dolore legato alla perdita, l'altra ad allontanarsi dal dolore per poter fronteggiare le incombenze legate alle necessità del vivere.

---

[21] Sergio Gelfi, psicoterapeuta della famiglia e psiconcologo, che si occupa anche di assistenza agli operatori e di cure palliative, in un'intervista all'Eco di Bergamo del 16 maggio 2020 ricorda l'importanza del commiato dalle persone defunte anche durante la pandemia: "In assenza di una ritualità funebre individuale e di un accompagnamento familiare alla persona deceduta, diventa importante ogni iniziativa mirante a realizzare una ritualità collettiva. È ciò che succedeva anche in passato dopo i numerosi eventi bellici che purtroppo hanno caratterizzato la nostra storia. C'è il bisogno di ricongiungersi con i nostri cari che ci hanno lasciato in questo periodo. Bisogna ridare accompagnamento e dignità anche a coloro che sono morti; le dimensioni e la rapidità di questa epidemia hanno reso numeri e anonimi molti di quelli che ne sono stati colpiti. Esiste un tempo degli affetti anche nel fine vita; il Covid-19 ha spazzato via anche quello ed ora è necessario recuperarlo. Ogni iniziativa che possa concretizzare questa ritualità collettiva appare oggi appropriata; individuare un luogo simbolo di questo evento, raccogliere un memorandum di tutti i deceduti, individuare iniziative di sostegno per i familiari rimasti in difficoltà, dare la possibilità ai familiari di esprimere pubblicamente il dolore e il ricordo, realizzare riti funebri collettivi in memoria, sono tutte iniziative che a livello comunitario possono aiutare a colmare quello strappo che l'epidemia ha determinato tra chi ci ha lasciato e chi è rimasto". Cfr. BARACHETTI, L.: *Dobbiamo ricavare nuovi significati dal trauma collettivo del coronavirus*, 16 maggio 2020, In: https://www.ecodibergamo.it/stories/eppen/extra/altro/dobbiamo-ricavare-nuovi-significati-dal-trauma-collettivo-del-coronavirus_1354239_11/ (consultato 9. 07.2020).

Il lutto è anche la presa di contatto diretta con una paura profonda e ancestrale che è sempre presente, ma che di solito riusciamo a tenere a bada: quella della propria morte. È proprio questa miscela, il senso di mutilazione di una relazione importante sommato alla paura della propria morte, ad essere alla base di tanta sofferenza. Per poterla affrontare, la persona in lutto deve mobilitare le risorse per affrontare il futuro entro una nuova prospettiva, trovare una posizione equilibrata fra la paura della propria morte e quella della sua imprevedibilità e continuare a considerare il futuro come obiettivo progettuale, malgrado tale imprevedibilità.[22]

I lutti dovuti alla pandemia di COVID-19 hanno assunto un aspetto che alla generazione che non ha vissuto la guerra è assolutamente ignoto. Potremmo definirli lutti "sospesi"[23]. La perdita di una persona cara è sempre una ferita che si accompagna a una sensazione di vuoto, ma in questo tempo si è aggiunta una circostanza aggravante, che intensificava il dolore: non sempre è stato possibile restare accanto alla persona cara e la morte avveniva spesso senza la possibilità di un ultimo saluto. Tante persone, a causa dei divieti amministrativi legati alla sicurezza sanitaria, sono state private della possibilità di accostarsi alla morte attraverso il necessario corredo dei riti che intorno alla morte sono in grado di lenire il dolore del lutto.

In tante famiglie sono stati i nonni a venire a mancare nel periodo della pandemia. Questo è stato di sicuro un duro colpo per tutti i membri della famiglia, ma per i bambini ha avuto una valenza ancora più traumatica. Per aiutarli a capire cosa era successo, la partecipazione ai rituali del lutto avrebbe potuto avere un valore decisamente positivo, perché avrebbe consentito loro di sentirsi parte attiva nel dare il congedo alla persona amata e perché in quei momenti delicati avrebbero ricevuto il sostegno e il conforto dei familiari e della comunità. Inoltre, avrebbe offerto loro la possibilità di esprimere il dolore e la sofferenza per la perdita subita: è estremamente importante per i bambini sentire la possibilità di poterlo fare. Nel momento della

[22] ŠMIDOVÁ, M. (ed.): *Dozrievanie v láske*, Trnava: Dobrá kniha 2014.

[23] Cfr. FACCO, F.: *Dal lutto "sospeso" nella pandemia COVID-19 alla elaborazione collettiva*, In: https://www.psiconline.it/articoli/benessere-e-salute/dal-lutto-sospeso-nella-pandemia-covid-19-alla-elaborazione-collettiva.html (consultato 27. 06. 2020).

sospensione dei funerali in forma pubblica, si è rivelato importante trovare dei piccoli rituali che si potessero compiere a casa insieme alla mamma, al papà e ai fratelli (anche una breve preghiera recitata insieme), magari ripetuti anche per alcuni giorni, che permettessero anche ai più piccoli di sentirsi parte attiva del commiato e di esprimere dolore e sofferenza per la perdita subita.

Per affrontare il lutto in questa situazione di pandemia, alcune persone hanno trovato conforto nel compiere un rituale simbolico alternativo nella propria abitazione e attribuire così un significato personale a un momento di contenimento delle emozioni derivanti dal lutto, per esempio accendendo candele o raccontando la storia del proprio caro con immagini, musiche o testi. Alcuni piccoli ma significativi gesti hanno consentito loro di andare avanti nei lutti come, ad esempio, piantare in giardino un albero o dei fiori sul balcone o sulla finestra, affinché rappresentassero la continuazione della vita e mantenessero vivo il ricordo del defunto. Spesso mettere in campo delle tecniche di narrazione finalizzate alla costruzione di una biografia di chi è venuto a mancare attraverso immagini, lettere, racconti, aneddotica, e da raccogliere e stampare in un libro si rivela utile per trovare sollievo. Questa memoria narrativa può essere condivisa anche con i propri parenti tramite i moderni mezzi di comunicazione nonostante le distanze fisiche, permettendo il commiato dal defunto.

Con l'allentamento delle misure sanitarie restrittive si è aperta la possibilità alla partecipazione collettiva ai riti funebri, con i parenti stretti, gli amici e le altre persone a vario titolo legate al defunto. Questa modalità di dire addio alla persona cara aiuta i superstiti a combattere l'insidia più perniciosa del lutto, che è la perdita di senso. I riti ci rassicurano che il senso della vita sta proprio nel ricordo che la persona amata ha lasciato in noi e quindi nel ricordo che noi lasceremo quando moriremo, cioè nell'eredità affettiva che abbiamo ricevuto e che lasceremo.

Il lutto è un'esperienza altamente individuale e totalizzante che si ripercuote su tutte le dimensione dell'essere. Le reazioni alla scomparsa di una persona cara dipendono da moltissimi fattori, inclusi la personalità della persona in lutto, le sue esperienze di vita e il tipo di rapporto che aveva con il defunto. Quello che si deve tenere presente è il fatto che il lutto è un processo e ha bisogno di tempo. Non lo si può velocizzare.

Per vivere in maniera più consapevole questo processo sembra importante conoscerne il "percorso teoretico" e capire la gradualità della sua elaborazione. Tale percorso si articola in fasi, spesso sovrapposte e di durata diversa, classificate in modo diverso a seconda dei diversi studi. Una classificazione, tuttavia, altro non è che uno strumento di comprensione e come tale va utilizzata. Per capire il processo di lutto conviene quindi scegliere il modo di classificarne le fasi che sia più utile, anche praticamente, al suo superamento.

Il modo più semplice per classificare il processo di lutto lo divide in tre fasi: negazione della perdita (evitamento); confronto emotivo con la perdita; accettazione e superamento della perdita (adattamento).

La tanatologa svizzera dottoressa Elisabeth Kübler-Ross (1926-2004) ha diviso il processo di lutto in cinque fasi, che spesso si sovrappongono e si succedono, anche ripetendosi nel tempo:

1. fase della negazione o del rifiuto;
2. fase della rabbia;
3. fase della contrattazione o del patteggiamento;
4. fase della depressione;
5. fase dell'accettazione.

Queste fasi indicano delle risposte alle emozioni che si provano. La negazione (rifiuto) della perdita, vista in psicologia come un meccanismo di difesa, aiuta il superstite a sopravvivere alla perdita della persona cara. In questa fase le cose del mondo sembrano perdere sapore e diventano insostenibili. La vita sembra non avere più senso. La persona in lutto diventa insensibile e spesso si chiede come andare avanti e perché si dovrebbe andare avanti.

La fase della rabbia è vista come necessaria del processo di guarigione. Di solito siamo più abituati a sopprimere la rabbia che a sentirla. Se siamo disposti a provarla, però, possiamo accedere ad un livello più profondo di consapevolezza. La rabbia è un'indicazione dell'intensità dei sentimenti e dell'amore per la persona defunta. Sotto la rabbia c'è il dolore che va focalizzato ed espresso.

Nella fase della negoziazione la persona in lutto desidera che la vita ritornasse a quella che era prima e vorrebbe fare di tutto per riavere indietro la persona amata. Pensa a quanto si sarebbe potuto fare per evitare la perdita: diagnosticare la malattia prima, fermare il decesso, ecc. Le ritorna spesso in mente la frase "se solo avessi...". In questa fase spesso si sperimenta un forte senso di impotenza e di colpa.

Un'altra fase dell'elaborazione del lutto è segnata dalla depressione: i sentimenti di vuoto si presentano e il dolore si manifesta a livello più profondo di quanto si abbia mai immaginato. Questo stadio depressivo sembra durare per sempre, ma non è assolutamente un segno di malattia mentale. Al contrario, è una reazione appropriata ad una perdita grande che va vissuta appieno per poter arrivare alla guarigione.

Alla fine si arriva all'accettazione della perdita, che spesso è confusa con l'essere d'accordo con ciò che è successo. Non è così! La maggior parte delle persone non si sente mai bene riguardo alla perdita di una persona cara. Questa fase è il momento in cui si arriva ad accettare la realtà: la persona amata è scomparsa fisicamente e non tornerà più. Con fatica si impara a vivere con questa consapevolezza. Il passato non ha lo stesso insopportabile peso di prima. Il futuro cupo comincia a tingersi di colore.

Il lutto si considera superato quando il pensiero della persona deceduta suscita nostalgia anziché disperazione e quando si può accedere, senza sprofondare nel dolore, al pensiero di quello che è stato, di quello che avrebbe potuto essere e non sarà e di quello che invece potrà essere.[24]

[24] Cfr. GELATI, P.: *Il lutto, entrarne e uscirne*, In: https://www.psicologiacontemporanea.it/blog/il-lutto-entrarne-e-uscirne/ (consultato 11. 06. 2020).

Un altro modo per classificare le fasi del lutto e della sua elaborazione è stato proposto dalla tanatologa americana Therese A. Rando[25], direttore clinico dell'Istituto per lo studio e il trattamento delle perdite a Warwick, nel Rhode Island (USA), che prevede sei stadi (le 6 "R"), in parte sovrapposti, descritti come tappe di un percorso:

1. riconoscere la perdita;
2. rispondere in modo sano alla separazione (provare il necessario dolore);
3. ricordare la persona scomparsa e il proprio rapporto con essa;
4. rinunciare alla persona scomparsa;
5. riadattarsi a una nuova normalità della vita;
6. reinvestire emotivamente nella vita.

Non esiste un tempo "giusto" per vivere il lutto. Questo processo dipende da molteplici fattori e si manifesta in modi molto differenti, ma spesso ha dei sintomi comuni. Manifestare questi sintomi non indica per forza una patologia psicologica. Per poter capire se i sintomi sono eccessivi è necessario effettuare una distinzione tra il lutto acuto, il lutto integrato e il lutto complicato.

Il lutto acuto è la fase appena successiva alla perdita della persona cara. Può durare alcuni mesi ed è caratterizzata da sintomi quali: sensazioni di shock e stordimento, tristezza intensa, paura del futuro, ansia in forme differenti, perdita dell'appetito, perdita di desiderio sessuale, irrequietezza, scarsa concentrazione, pensieri ripetitivi, rabbia e senso di colpa. Spesso insieme a questi sintomi principalmente emotivi possono manifestarsi anche dei sintomi fisici (somatizzazione) tra i quali: senso di stanchezza e fatica cronica, nausea, debolezza del sistema immunitario, perdita o aumento di peso, dolori diffusi, insonnia e altri disturbi del sonno. Questi sintomi possono essere anche molto intensi, ma di solito tendono a risolversi in maniera naturale. Nel corso di alcuni mesi la tristezza comincia a perdere la sua intensità e gli altri sintomi diventano meno frequenti.

---

[25] Cfr. RANDO, A. T.: *How to Go on Living When Someone You Love Dies*, New York/Toronto/London: Bantam Books, 1991.

Il lutto integrato si manifesta quando la fase intensa del lutto acuto diminuisce. Durante questo periodo la persona riprende le sue attività quotidiane e il dolore pian piano diminuisce. Ciò non significa che il defunto manchi di meno o che il dolore stia scomparendo del tutto. Al contrario, si comincia ad integrare la perdita della persona cara nella propria vita. Si comincia a trovare un modo per restare connessi nel contesto di una nuova realtà, anche senza esserci fisicamente. Durante questa fase è possibile ritornare a provare le emozioni e la sofferenza del lutto acuto (ad es. durante gli anniversari o gli eventi significativi). Anche questo fa parte del processo ed è perfettamente normale. Per molte persone il lutto integrato diventa uno stadio permanente, normale e sano. Il dolore della scomparsa rimarrà sempre, ma non sarà più debilitante. Con il passare del tempo si arriva a dare un senso alla perdita e ad accettare la realtà.

Del lutto complicato parliamo, invece, quando il dolore della perdita è talmente costante ed intenso da impedire al superstite di riprendere la sua vita. È come rimanere bloccati in un lutto prolungato, che può portare ad uno stato depressivo cronico. I sintomi spesso includono: pensieri o immagini intrusive del defunto, negazione dell'evento o incredulità prolungate, incapacità di svolgere le proprie attività quotidiane, immaginare che la persona cara sia ancora viva, ricercarla nei luoghi familiari, evitare tutto ciò che ricorda la persona amata, attaccare continuamente se stessi per la perdita (emotivamente e/o fisicamente), rabbia estrema o amarezza prolungata nel tempo, sentire che la vita è vuota o priva di significato. A volte si manifestano anche dei pensieri suicidi. È importante controllare il carattere e l'intensità dei sintomi, perché il lutto prolungato può sfociare nel cosiddetto "lutto patologico" o "disturbo da lutto complicato persistente", una vera e propria malattia psichiatrica (codificata anche nel Manuale diagnostico statistico delle malattie psichiatriche – DSM 5, nel capitolo dedicato ai disturbi dell'adattamento) che, per essere superata in tempi ragionevoli e senza rischi secondari, richiede un intervento di counseling mirato o un breve ciclo di psicoterapia, eventualmente affiancati da una terapia farmacologica nei casi più gravi.

Più in generale, il counseling mirato all'elaborazione del lutto può prevedere l'analisi delle emozioni e delle reazioni dolorose ad esso connesse, l'individuazione di meccanismi di adattamento e la ridefinizione degli obiettivi esistenziali, la messa in atto delle tecniche di miglioramento delle proprie capacità di reazione/resilienza e degli interventi focalizzati sulla riduzione di sensi di colpa e inadeguatezza. In aggiunta può essere utile la partecipazione a gruppi di auto-aiuto, per condividere la propria esperienza di perdita con altre persone che stanno vivendo lo stesso problema e imparare reciprocamente dalle sensazioni/emozioni provate, individuando nuove risorse interiori per ristabilire l'equilibrio.

Postfazione

Durante l'emergenza epidemiologica di COVID-19, il supporto del counseling, offerto anche via internet o attraverso altri mezzi di comunicazione, si è rivelato molto utile per gestire preoccupazioni, ansie e, in alcuni casi, il panico che si sono diffusi. La paura del contagio dovuta alla presenza di un nemico invisibile, poco conosciuto e incontrollabile, ha infatti suscitato apprensione e allarmismo per la propria salute e per quella delle persone care. Ha provocato lo stravolgimento delle abitudini quotidiane in molte famiglie, il timore di non riuscire a gestire in modo efficace i rapporti famigliari, lo smart working o la didattica a distanza dei figli. Ha messo in subbuglio la vita di tante persone che non hanno potuto dire addio ai loro cari morti nelle strutture sanitarie.

Il periodo di quarantena ha messo in risalto la mancanza di complicità e le incomprensioni striscianti nelle famiglie, a volte aprendo una crisi di coppia. L'isolamento forzato a casa si è rivelato difficile soprattutto per le persone sole e fragili, accentuando i disagi psichici legati allo stress e all'abbassamento di umore. La solitudine si è rivelata per tanti un peso insopportabile.

Nel libro, partendo da frammenti di colloqui di counseling, abbiamo sviluppato alcune riflessioni sulle tematiche attuali nel periodo pandemico. Il counseling in questo nuovo contesto esistenziale si è dimostrato essere una valida risposta al bisogno manifestato da tanti, quello di parlare con qualcuno, di poter raccontare il proprio vissuto e affidare le proprie preoccupazioni, incertezze e ansie in cerca di comprensione e aiuto. La presenza umana e competente, l'accoglienza e l'ascolto, per tanti hanno significato una vera "terapia anti-Covid".

Bibliografia

ALVAREZ, J., HUNT, M.: Risk and resilience in canine search and rescue handlers after 9/11. In: *Trauma Stress* 2005, 18, p. 497–505.

AMERICAN PSYCHIATRIC ASSOCIATION, *DSM-5. Manuale diagnostico e statistico dei disturbi mentali*, Milano: Raffaello Cortina Editore, 2014.

ANSA: *Bimbi in quarantena tra paure e cambi di umore*, In: https://www.ansa.it/sardegna/notizie/2020/03/31/coronavirus-bimbi-in-quarantena-tra-paure-e-cambi-di-umore_e6e9a3d4-1da9-45fd-8040-03641f712e64.html (consultato 30. 06. 2020)

BARACHETTI, L.: *Dobbiamo ricavare nuovi significati dal trauma collettivo del coronavirus*, 16 maggio 2020, In: https://www.ecodibergamo.it/stories/eppen/extra/altro/dobbiamo-ricavare-nuovi-significati-dal-trauma-collettivo-del-coronavirus_1354239_11/ (consultato 9. 07.2020).

BAUMAN, Z.: *Liquid Modernity*. Cambridge: Polity Press, 2000.

BRAUNSTEINER, G., TRĘBSKI, K., CSONTOS, L.: *Obnovená teológia manželstva a rodiny*. Trnava: Dobrá kniha 2019.

BURNETT, J.: What is counselling. In: WATT, A. O. (ed): *Counseling at work*. London: Bedford Square Press, 1977.

COSTA, C., GARDOCKI, D., TRĘBSKI, K., ŠMIDOVÁ, M., HUNDLEY, G., BAILLIE, H., NOVÁ, M., REČNÁ, S., VALIGURSKÁ, E.: Some specificities of long-term care within the EU in the context of the consequences of Covid-19. In: *Acta Missiologica*, 1, 2000, 14.

FACCO, F.: *Dal lutto "sospeso" nella pandemia COVID-19 alla elaborazione collettiva*, In: https://www.psiconline.it/articoli/benessere-e-salute/dal-lutto-sospeso-nella-pandemia-covid-19-alla-elaborazione-collettiva.html (consultato 27. 06. 2020).

FOLGHERAITER, F.: La relazione d'aiuto nel counseling e nel lavoro sociale, Prefazione. In: MUCCHIELLI, R.: *Apprendere il counselling*. Trento: Erickson, 1987.

GELATI, P.: *Il lutto, entrarne e uscirne*, In: https://www.psicologiacontemporanea.it/blog/il-lutto-entrarne-e-uscirne/ (consultato 11. 06. 2020).

IFOS Centro Studi per la famiglia - Sezione Stress, Traumi e Supporto psicologico per Emergenza COVID-19: *Trauma Pandemia. Gli effetti psicologici del coronavirus sulla vita dei bambini di età compresa tra i 4 e i 10 anni: gli esiti della ricerca*. In: https://www.ifos-formazione.com/ifos/uploads/IFOS%20indagine%20trauma%20pandemia.pdf (consultato 17. 06. 2020)

ISTITUTO A.T. BECK: *Sintomi della depressione, quali sono?* In: https://www.istitutobeck.com/depressione/sintomi-della-depressione (consultato 18. 07. 2020)

MAGGI, L.: *Psicoterapia Interpersonale della Depressione*, In: http://www.psicoterapiainterpersonale.it/didattica/psicoterapia-interpersonale-della-depressione/ (consultato 10. 07. 2020)

PERRUSIA, F.: Com sol: Immagini del counselor. In: *Giornale di Psicologia*, 1, 2007, 1, p. 45-47.

RANDO, A. T.: *How to Go on Living When Someone You Love Dies*, New York/Toronto/London: Bantam Books, 1991.

ROGERS, C. R.: *La terapia centrata sul cliente*. Firenze: La Nuova Italia, 1970.

ŠMIDOVÁ, M. (ed.): *Dozrievanie v láske*, Trnava: Dobrá kniha 2014.

ŠMIDOVÁ, M. (ed.): *Sprevádzanie v sociálnej práci. Zborník z medzinárodnej vedeckej konferencie*. Trnava: Dobrá kniha, 2016.

ŠMIDOVÁ, M., JAMBOROVÁ, R., ŽUFFA, J.: *Counseling – umenie počúvať*. Trnava: Dobrá kniha, 2016.

ŠMIDOVÁ, M., SLEZÁKOVÁ, K. (ed.): *Manažment kvality pri poskytovaní dlhodobej starostlivosti*. Trnava: Dobrá kniha, 2019.

SPRANG, G., SILMAN, M.: Posttraumatic stress disorder in parents and youth after healthrelated disasters. In: *Disaster Medicine and Public Health Preparedness*, 2013, 7, p. 105-110.

TRĘBSKI, K.: *Counselling ako pomáhajúci vzťah a pastoračné sprevádzanie*. Trnava: Dobrá kniha, 2016.

Recensione scientifica / vedeckí recenzenti:

Prof. PhDr. Mária Šmidová, PhD. - Teologická fakulta Trnavskej univerzity v Trnave (Bratislava, Slovacchia)

MSc. Mária Nemčíková, PhD. - Teologická fakulta Trnavskej univerzity v Trnave (Bratislava, Slovacchia)

Pagine 61 - Cartelle editoriali standard da 1800 battute (spazi inclusi) 69,62

(na Slovensku počet autorských hárkov: 3,48 AH)

Printed by Books on Demand GmbH, Norderstedt / Germany